東大式

たのしく遊んで
かしこくなる

天才クロスワード

小学1・2・3年生

著・東大 カルペ・ディエム

幻冬舎

はじめに

小学生が、これからの勉強でつまずいたりしないようにするためには、「言葉」の勉強がとても大切です。

国語や社会や理科はもちろん、算数でも言葉が必要です。そしてこの後に勉強する英語や中学以降の数学などでも、言葉を知らない状態ではなにもうまくいかないのです。

それくらい大切で、基礎になるのが、「言葉」の勉強なのです。

言葉がきちんとわかっていない状態というのは、いわば「つみ木」をしているときにその土台になる部分がぐらぐらしてしまっている状態と同じです。これ以上はその上になにもつみ上げられないことと同じなのです。

ぼくはこの言葉の勉強をサボってばっかりでした。だからずっと高校生に上がってからも成績はビリで、テストでもひどい点数ばかりでした。

だから高校生のとき、勉強の成績を上げるために、10年分の言葉をさかのぼって、小学生の「言葉」からやり直しました。はずかしかったですけれど、でもその分、きちんと成績は上がりました。

だからこそ、小学生のみなさん、この本で言葉を勉強しましょう。言葉の勉強をしているかいないかで、ここから先の勉強が、ものの見かたが、そして人生が変わってくるのです。

「でも、言葉の勉強なんて面倒だよ」「ゲームとかして遊んでいたいよ」「勉強とかきらいだし!」と思う人もいるでしょう。気持ちはとてもよくわかります。でも、大丈夫です。この本では遊びながら勉強できます。クロスワードパズルというゲームで遊んでいるなかで、自然に、いつの間にか言葉の勉強ができるのです。

みなさんはこれからゲームをするのです。ゲームだったら、時間をわすれて熱中できますよね。そういう体験を、この本ではみなさんにしてもらいたいと思って、多くの東大生たちと一緒に作りました。ぜひみなさん、やってみてください!

東大 カルペ・ディエム代表
西岡壱誠

ページの見かたと、クロスワードのときかた

テーマ

問題番号

学年レベルのめやす

教科

ことば

特に指示がなければ、答えをひらがなで書いてね。

1年生
こくご

こたえは ひらがなで かいてね。
【れい】1ばんめ→いちばんめ

たてのかぎ

1 えんぴつが一本。「一本」はなんと読む？
答え：いっぽん

2 えんぴつで書いた文字を消すどうぐを、なんという？
答え：けしごむ

3 じゅぎょう中、先生が黒板に書いたことを、自分の□□□に書きうつすよ。□□□に入ることばはなに？
答え：のーと

よこのかぎ

りんごは「5こ」。本は「5さつ」。
では、おり紙が5あったら、どう数える？

ぎゅうにゅうを　　。
　　に入るのは、「きる」と「のむ」のどっちかな？

東大生からひとこと
ここには、読んで楽しい豆知識などが書いてあるよ。
ちょっと休けいしたいときや、問題をとき終わったあとに読んでね！

8

左ページのかぎの [redacted]

[redacted]

[redacted]

あるよ。

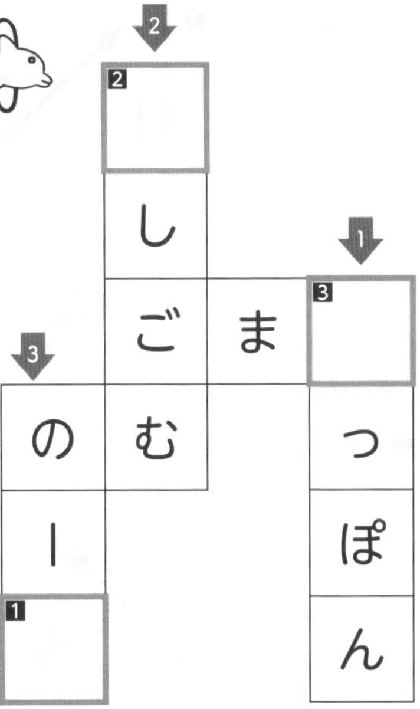

番号順に、とかなくてもいいよ。わかるものからマスをどんどんうめていこう！

小さな「っ」「ゃ」「ゅ」「ょ」は小さい文字で書こう。

のばす音「ー」はそのまま「ー」と書こう。

今何時？ [1][2][3] を見よう！

上のマスがうまったら、マスの中の数字順に文字を並べてみてね。キーワードがわかったらクリアだよ！

もくじ

ことば①

1年生
こくご

かぎの クイズを よんで、こたえを マスに かこう。

たてのかぎ

↓1 学校で がっきや うたの れんしゅうを する
きょうしつの 名まえは なに？

↓2 本を かりることが できて、だれでも つかうことが
できる ばしょのことを なんと いう？

↓3 学校の ぎょうじで、先生や ともだちと いっしょに
とおくに いくことを なんと いう？
「しおり」や「おたより」が くばられるよ。

よこのかぎ

たいようを「お」から はじまる ことばで
いいかえると なに？

みんなが まいにち、べんきょうしに かよう ばしょは
どこ？　「が」から はじまるよ。

文字を かくときに つかう どうぐを なんと いう？
けしゴムで けせるよ。

東大生から ひとこと
今、みんなは消しゴムを使っているよね？　鉛筆ができてから200年くらいは消しゴムがなくて、まちがえたらパンで消していたんだよ。

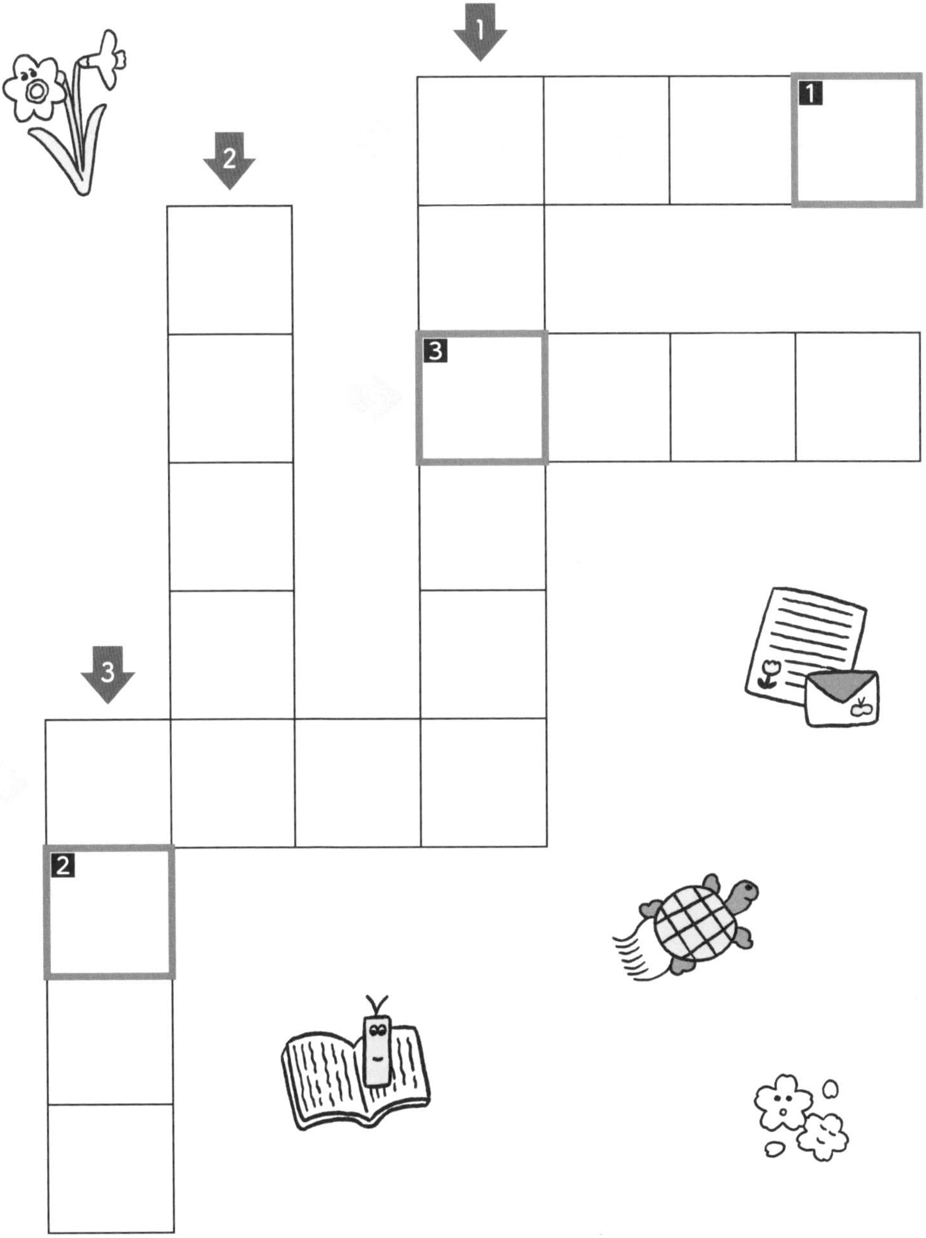

おもしろい [1][2][3] を よみたいな！

ことば②

1年生(ねんせい)
こくご

かぎの クイズを よんで、マスに あてはまる ことばを かこう。

たてのかぎ

1 「ともだちが へやに □□。」
□□に 入(はい)る ことばは、いる？　ある？

2 まちがったことを して、
あいてに「ごめんなさい」と いうことを なんと いう？

3 あることを しようと、
どりょくすることを なんと いう？

4 「えんぴつで 文字(もじ)を □□。」□□に 入(はい)る ことばは なに？

よこのかぎ

「へやに 本(ほん)だなが □□。」
□□に 入(はい)る ことばは、いる？　ある？

むずかしい もんだいの こたえを、あたまを つかって
□□□□□。□□□□□に 入(はい)る ことばは なに？

なみだを ながすことを なんと いう？

あしを すばやく うごかして いどうすることを
なんと いう？

東大生(とうだいせい)から ひとこと
京都(きょうと)の住所(じゅうしょ)には、「東入(ひがしい)ル」や「西入(にしい)ル」「上(あが)ル」「下(さが)ル」といった言葉(ことば)が使(つか)われているんだ！　京都(きょうと)に行(い)ったら、さがしてみよう。

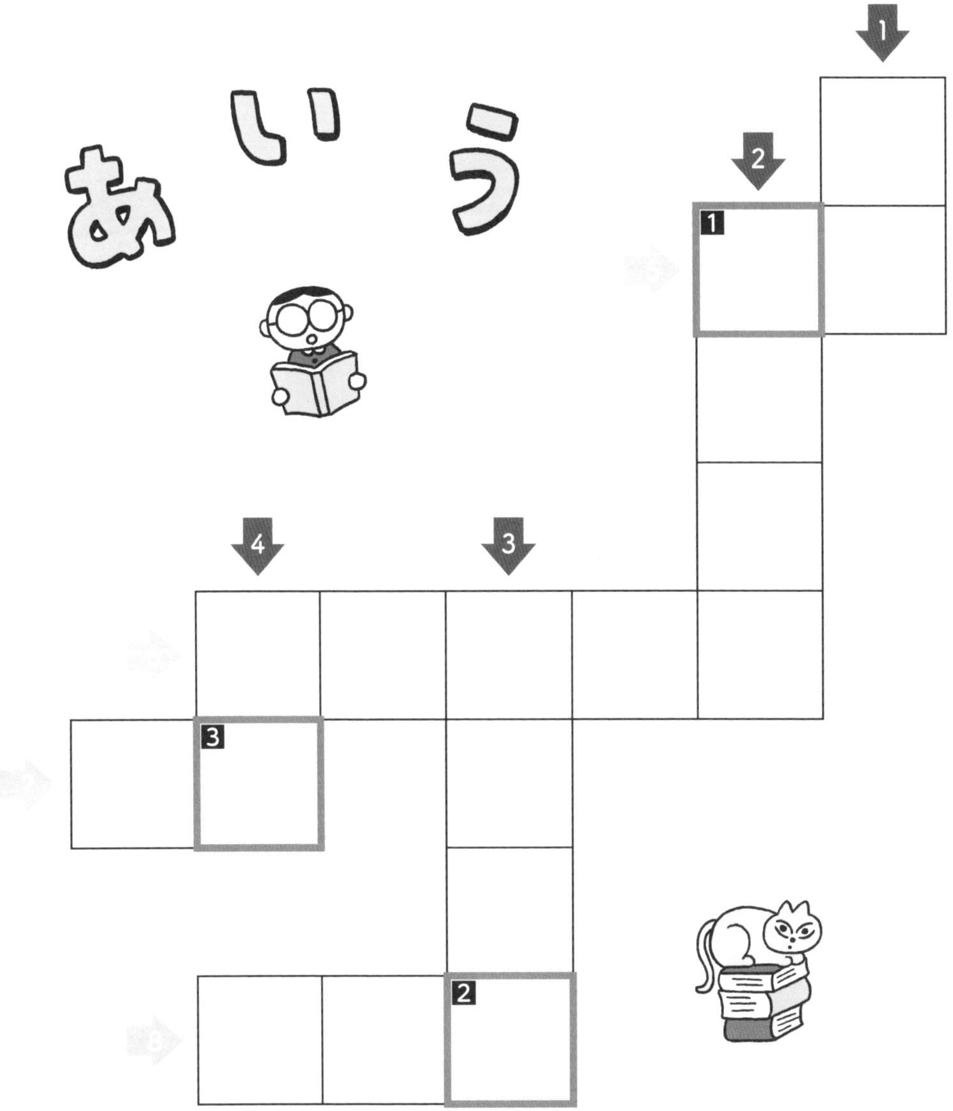

学校（がっこう）まで ともだちと 1 2 3 。

1年生
こくご

1年生で ならう かん字

かぎの かん字の よみかたを マスに かこう。
ひらがなの ぶぶんも かいてね。

たてのかぎ

1. 一円玉
2. 森の中
3. 雨

よこのかぎ

- 文字
- 名まえ
- 赤
- 左

東大生から ひとこと
漢字の「一、二、三」は習ったかな？　昔は「壱、弐、参」と別の漢字で数字を書いていたよ！　昔の本を見て探してみてね。

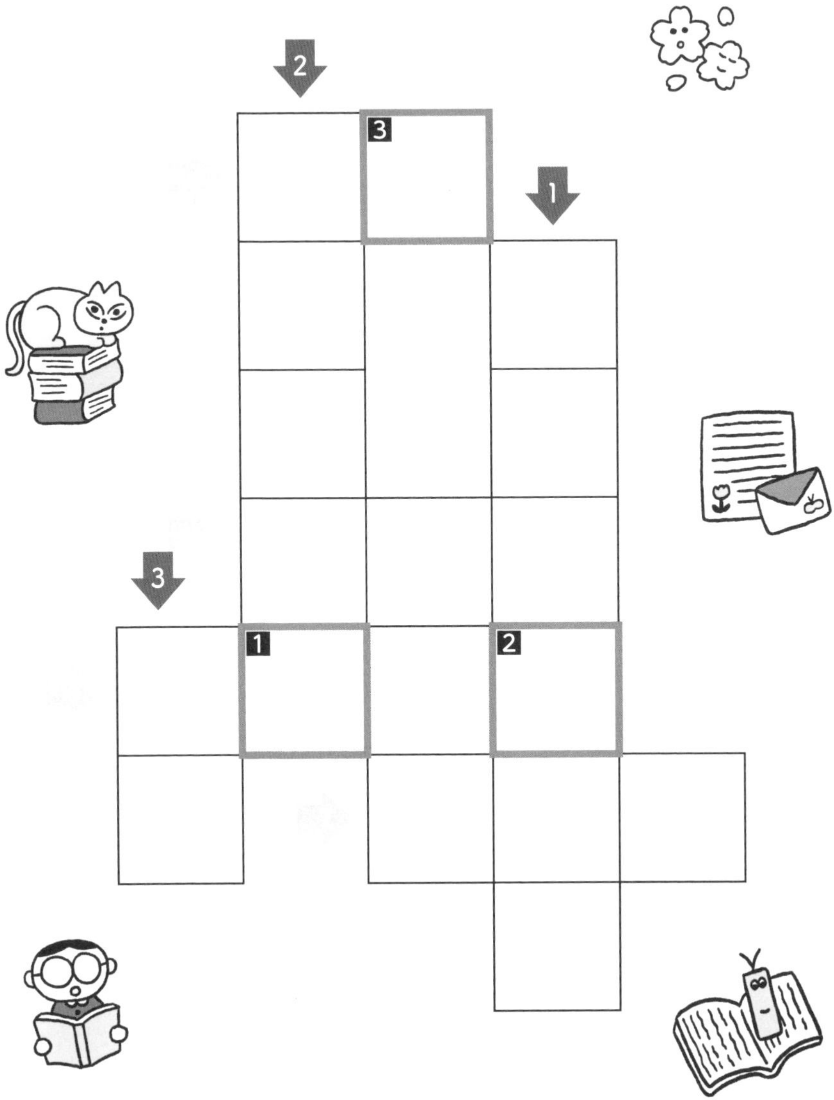

すきな 1 2 3 を おしえて！

なんばんめ

1年生
さんすう

かぎの クイズを よんで、こたえを マスに かこう。
すう字も ひらがなで かくよ。【れい】1ばんめ→いちばんめ

たてのかぎ

1 右から 2ばんめの やさいは なに？

2 りんごは 右から なんばんめ？

左

右

よこのかぎ

左から 2ばんめの どうぶつの 名まえは なに？

ライオンは 左から なんばんめ？

にわとりは 左から なんばんめ？

左

右

東大生からひとこと
動物にはセキツイ動物と無セキツイ動物がいるよ！　セキツイとは背骨のことで、無セキツイ動物は背骨がない動物のこと。タコとかだね！

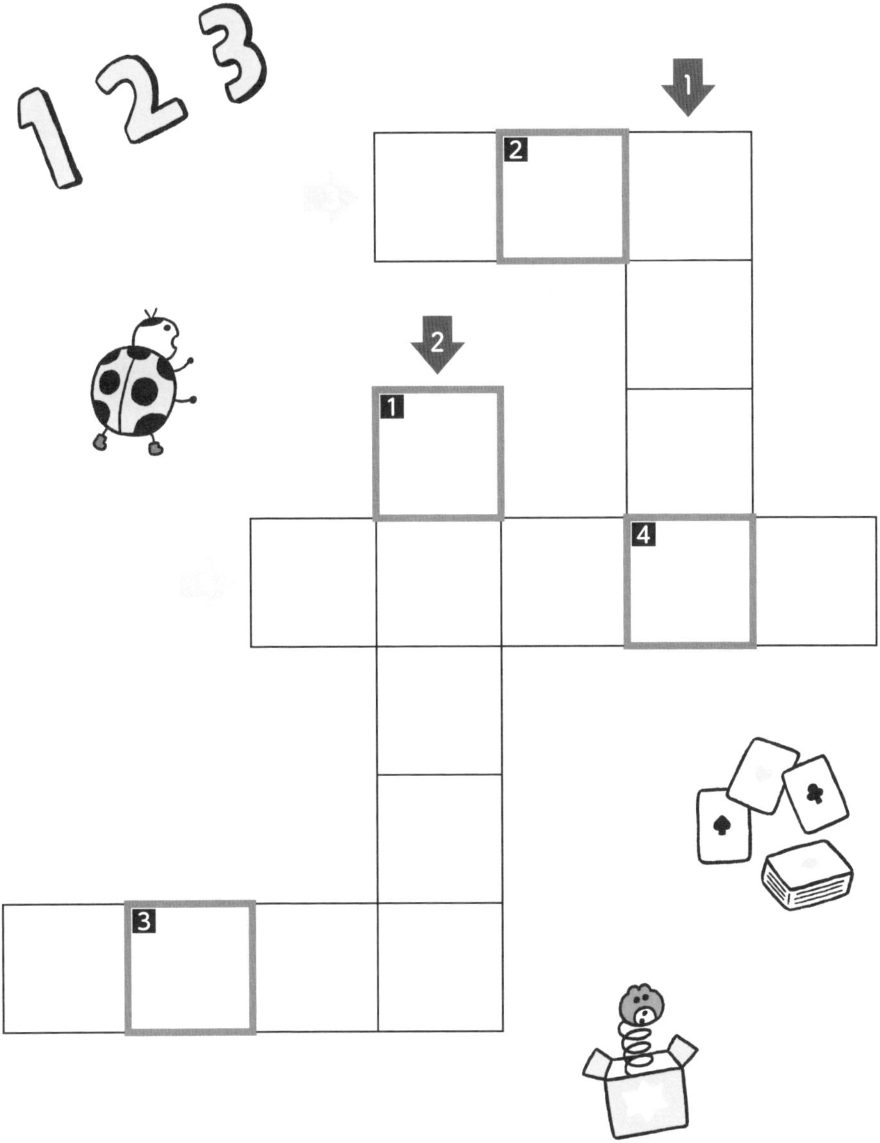

ウサギは右(みぎ)から 1 2 3 4 め。

ながさくらべ

1年生
さんすう

かぎの クイズを よんで、こたえを マスに かこう。

たてのかぎ

1 えの くろい スプーンは、
白い スプーンより ながい？　みじかい？

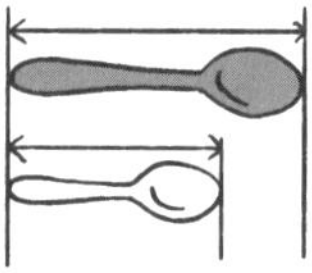

2 えの ふたりは なにを しているかな？
せの □□□を くらべているよ。

よこのかぎ

えの 　　のことを なんと いう？

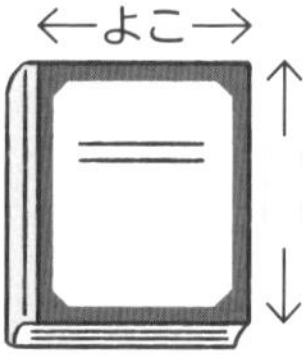

えの さかなと かには、
どちらのほうが ながい？

えの 水玉の リボンは、しまもようの
リボンより ながい？　みじかい？

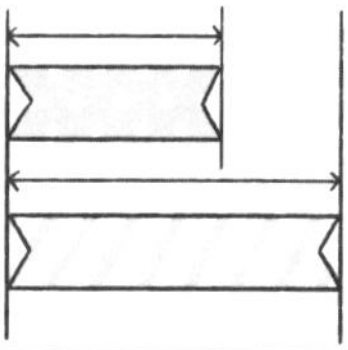

東大生からひとこと
うどんとひやむぎとそうめんは、めんの細さだけで分けられているんだ。一番太いのがうどんで、その次がひやむぎ。一番細いのがそうめんだよ。

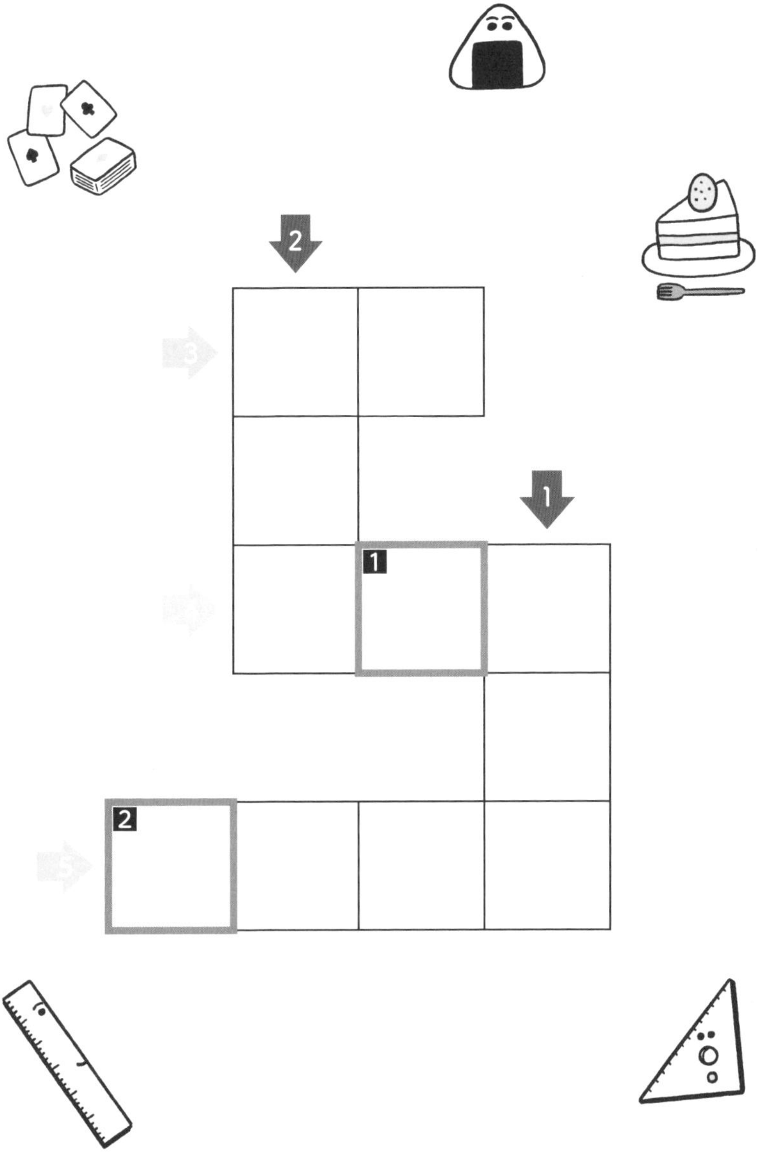

きみの 1 2 は ながい？　みじかい？

1年生
さんすう

たしざん・ひきざん

かぎの クイズを よんで、こたえを マスに かこう。
すう字も ひらがなで かいてね。【れい】1→いち

たてのかぎ

↓1 4－1は なに？

↓2 10＋3は なに？

↓3 5＋6は なに？

よこのかぎ

7＋7は なに？

10－□＝1　□に 入る かずは なに？

□－4＝4　□に 入る かずは なに？

東大生からひとこと　1＋1＝2なのに、かの発明王エジソンは「2つの粘土を合わせたら1つになる！」と言って先生を困らせたという話があるよ！

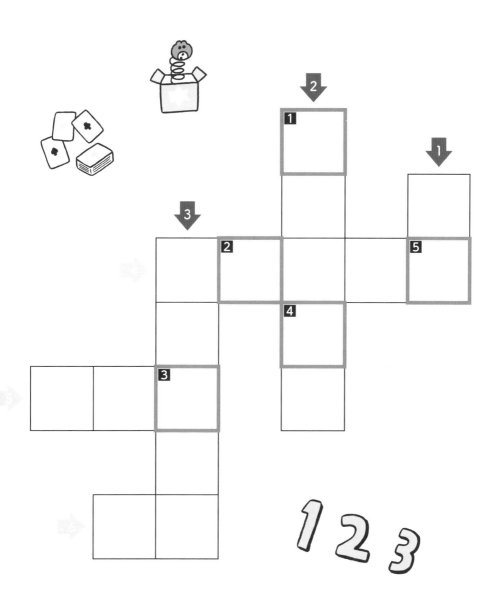

$7 + 6 =$ 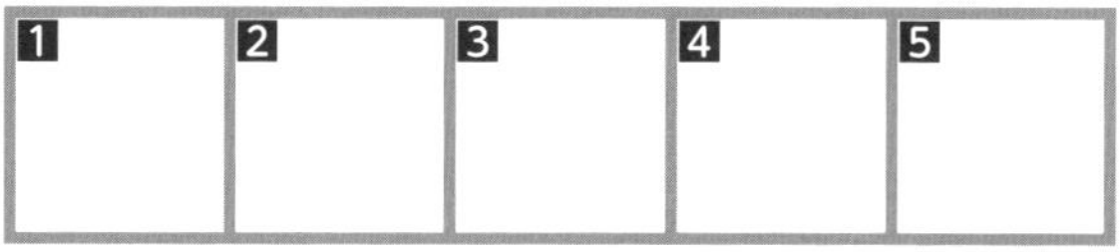

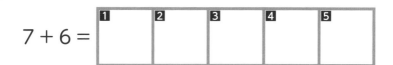

7

大きい かず

1年生
さんすう

かぎの クイズを よんで、こたえを マスに かこう。
すう字も ひらがなで かいてね。【れい】10→じゅう

たてのかぎ

1. 60－3は なに？
2. 30－15は なに？
3. 「96」の 十の くらいの かずは なに？
4. 十の くらいが 3の かずで、
ここに かいて いないものは なに？
32　31　38　30　35　34　39　37　36

よこのかぎ

十の くらいが 1の かずで、
ここに かいて いないものは なに？
11　14　17　12　15　18　13　16　19

25＋25は なに？

10が 4こと、1が 7こで いくつ？

東大生から ひとこと
99さいのことを白寿というよ！　なんで「99」なのに「白」なのかな？
それは百から一を引いたら白になるからだよ。

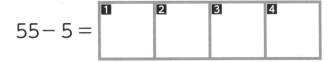

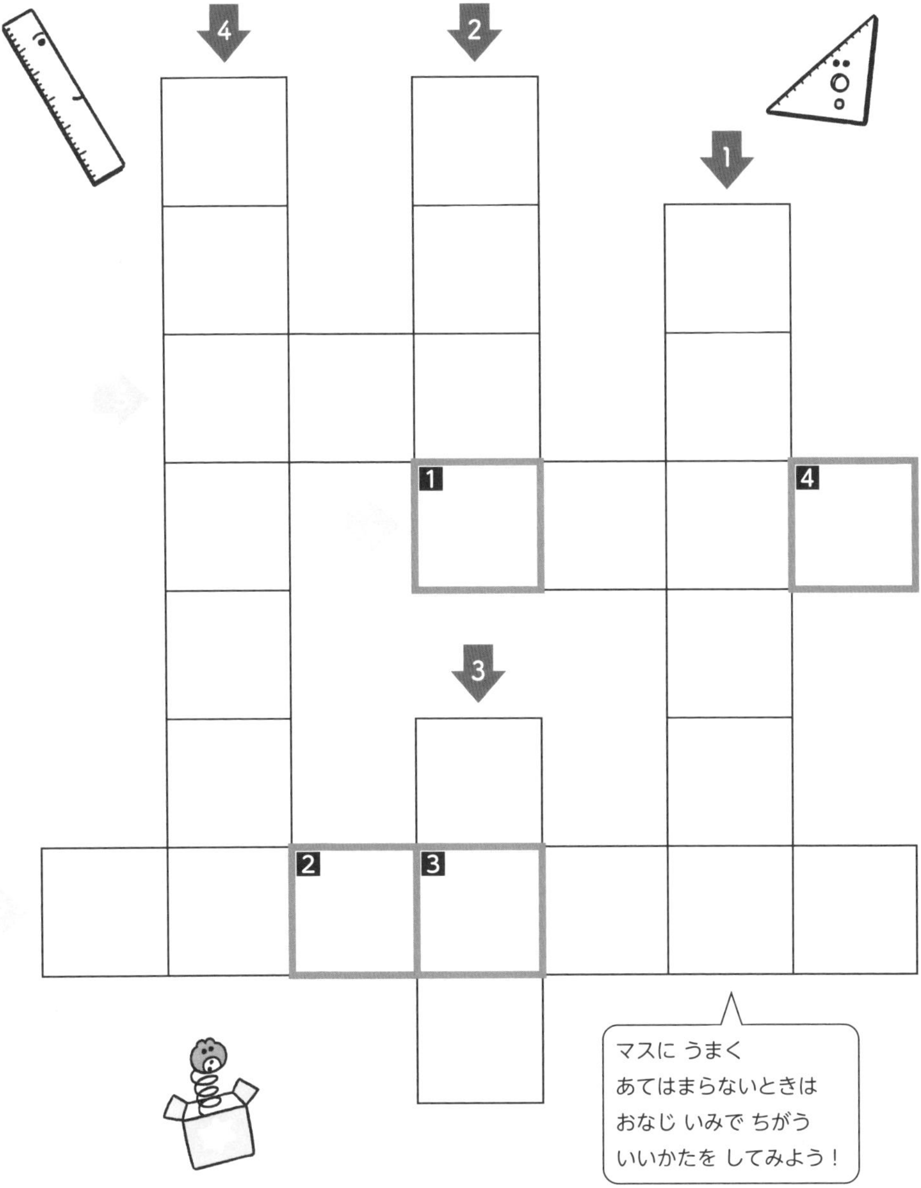

マスに うまく
あてはまらないときは
おなじ いみで ちがう
いいかたを してみよう！

$55 - 5 =$ 1 2 3 4

なんじなんぷん

1年生
さんすう

かぎの クイズを よんで、こたえを マスに かこう。
すう字も ひらがなで かいてね。【れい】1じ→いちじ

たてのかぎ

1 ながい はりが この いちに あるとき、なんぷん？

2 これは なんじなんぷん？ 4文字で こたえてね。

よこのかぎ

これは なんじ？

これは なんじ？

ながい はりが この いちに あるとき、なんぷん？

これは なんじ？

東大生からひとこと
電車の運転士さんや車掌さんは、何時何分だけでなく、何秒まできっちりと合わせて電車を動かしているんだ！

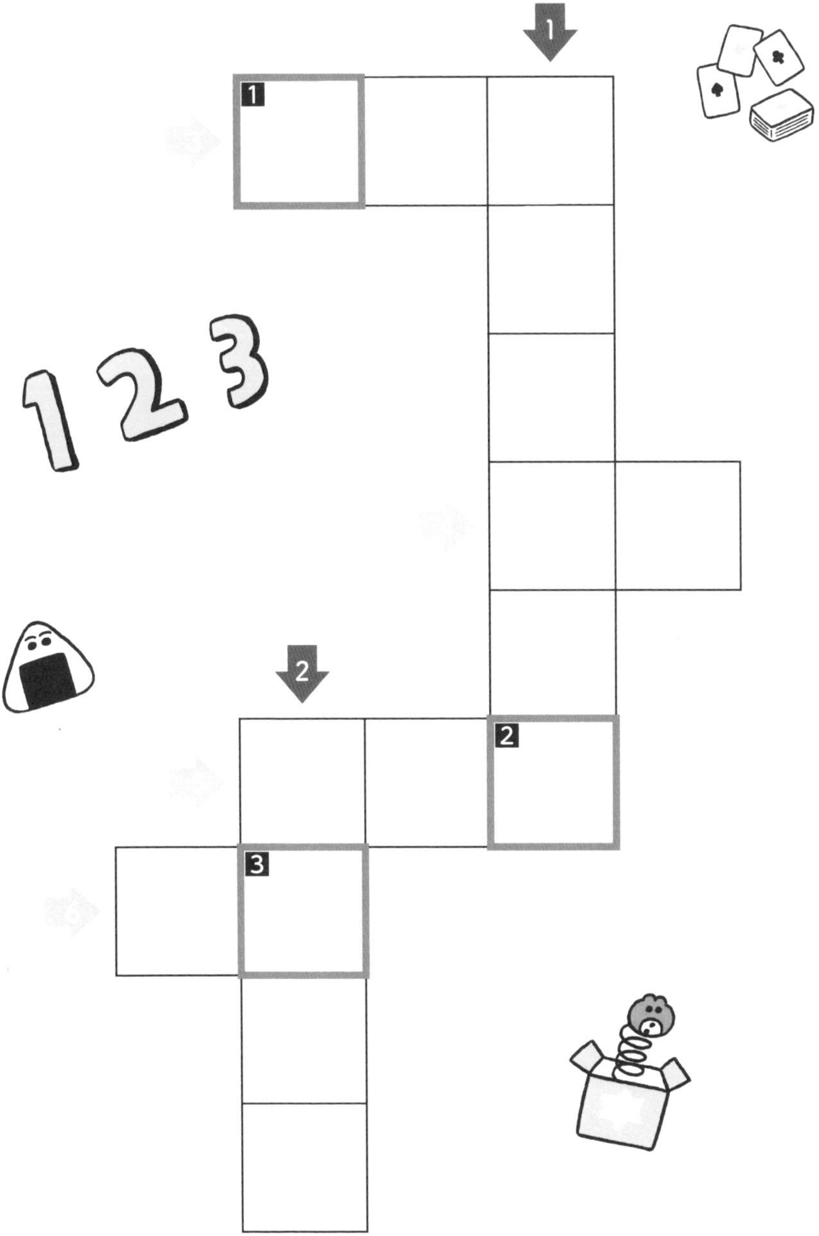

1	2	3

は おやつの じかんだね！

学校たんけん

1年生
せいかつ

かぎの クイズを よんで、こたえを マスに かこう。

たてのかぎ

1. じかんを 見るための どうぐは なに？
2. 学校の くみのこと。
または、きょうしつのことを なんと いう？
3. 学校で じゅぎょうを うけたり、
ともだちと あそんだりする へやを なんと いう？

よこのかぎ

きょうしつを そうじするときに つかう、
ちりや ごみを はく どうぐは なに？

学校の グラウンドのことを ４文字で なんと いう？

きょうしつに ならぶ、本を よんだり
字を かいたり するときに つかう、
あしの ついた だいを なんと いう？

東大生から ひとこと
江戸時代に海外から入ってきた人体模型には、紙製の人体模型があったんだ！
針金で形を作った上から紙をはり合わせて作られていたよ。

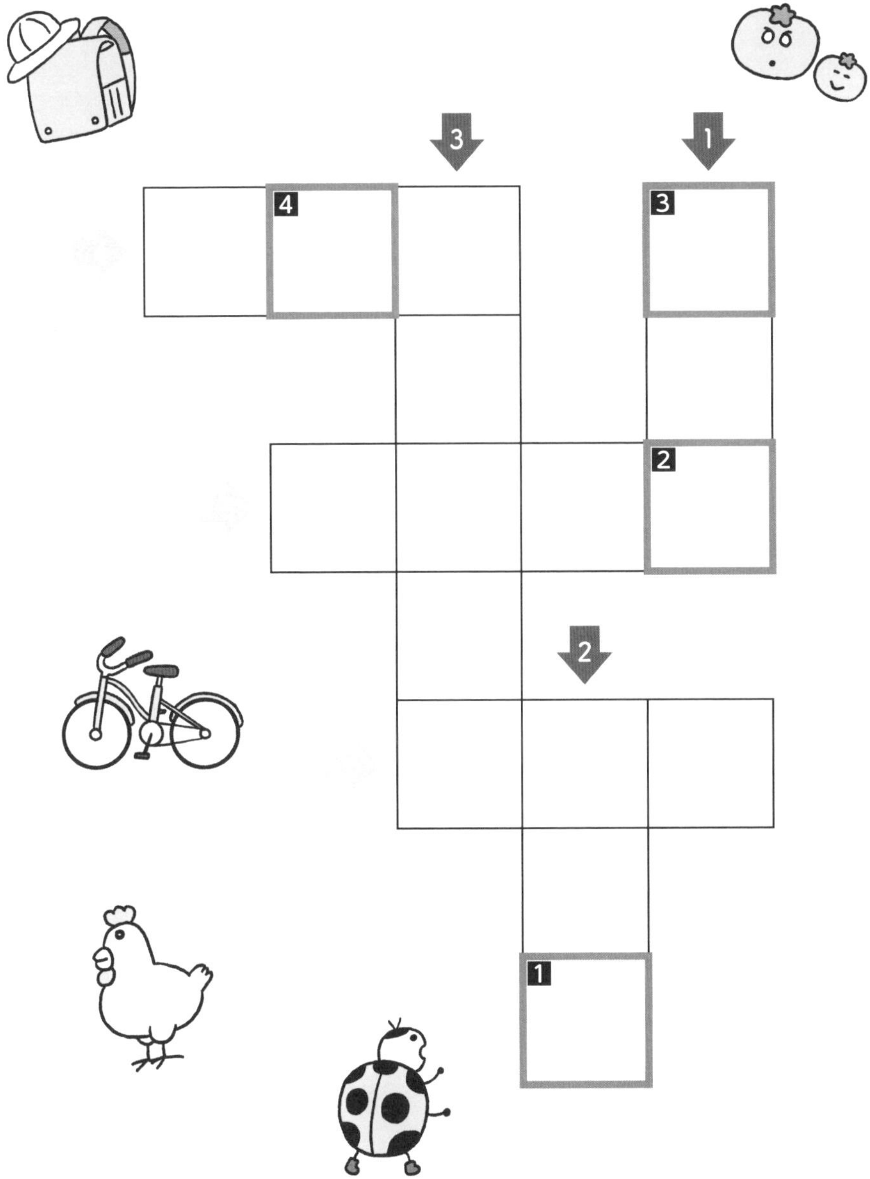

1	2	3	4

を もって、えん足(そく)に いこう！

10

しょくぶつ

1年生(ねんせい)
せいかつ

かぎの クイズを よんで、こたえを マスに かこう。

たてのかぎ

1 あきに なると はが きいろに かわって、つよい においがする みを じめんに おとす しょくぶつは なに？

2 キャベツ、ニンジン、トマトなどのことを、まとめて なんと よぶ？

3 木(き)に なる みのことを、まとめて なんと よぶ？ 「かじつ」では ないよ。

よこのかぎ

タンポポの 花(はな)の いろは なにいろ？

花(はな)の みつを はこぶ ハチの 名(な)まえは なに？

ふれると、おじぎするように うごく 草(くさ)の 名(な)まえは なに？

東大生(とうだいせい)からひとこと 東京大学(とうきょうだいがく)にはいちょうがいっぱい植(う)えられているよ！ 学校(がっこう)のマークにも、いちょうが入(はい)っているんだ。

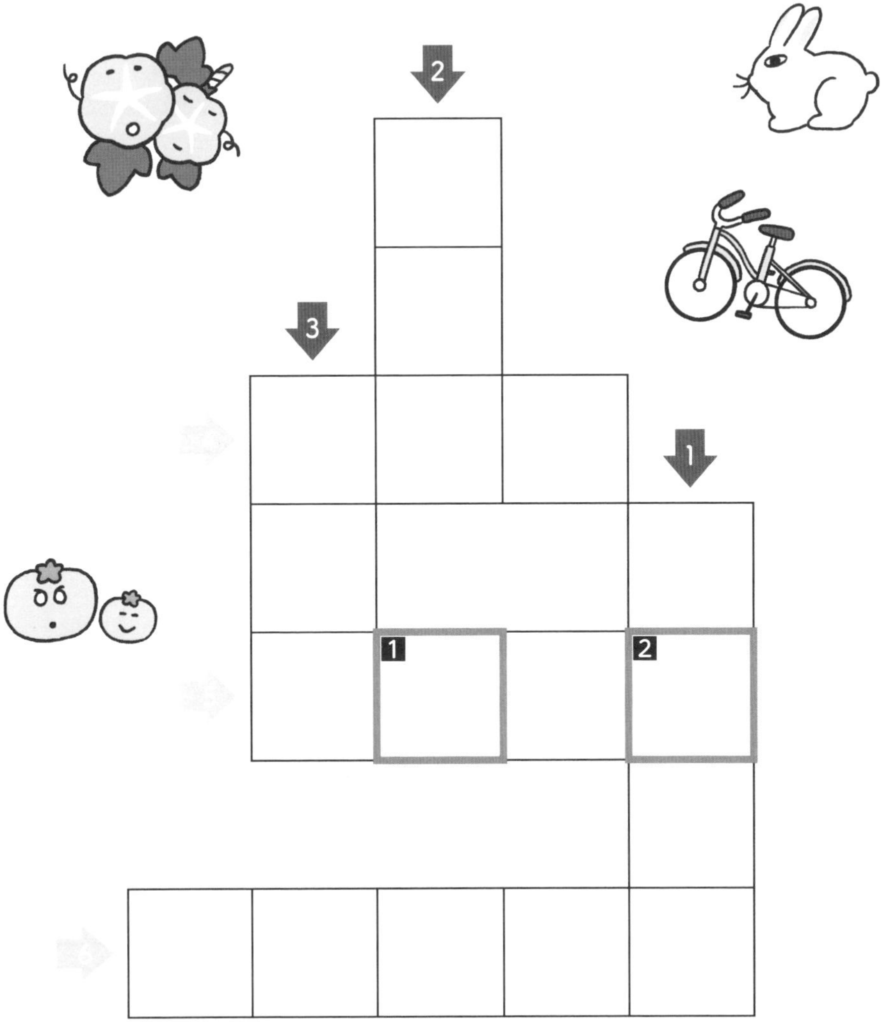

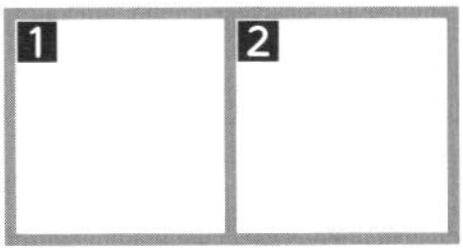

に たねを まくよ。

生きもの

1年生
せいかつ

かぎの クイズを よんで、こたえを マスに かこう。

たてのかぎ

1 赤いろで、くろい てんが いくつか ついている虫は なに？

2 町の 空を よく とんでいる、まっくろの とりは なに？

3 ふゆを こすために 日本に やってくる、くちばしがひらたく、ハクチョウより 小さい とりは なに？

よこのかぎ

ウサギに よく にた、ネズミの なかまで
「プイ プイ」と なく どうぶつと いえば なに？
ペットとしても 人気が あるよ。

やこうせいで、オスは りっぱな ツノを もっている、
なつに かつどうする 虫は なに？

ちゃいろくて 小さく、「チュン チュン」と なく
とりは なに？

東大生からひとこと 冬をこすために海をわたってくる鳥を「わたり鳥」というよ。実は冬だけじゃなくて、春に来て秋に帰る鳥もいるよ！

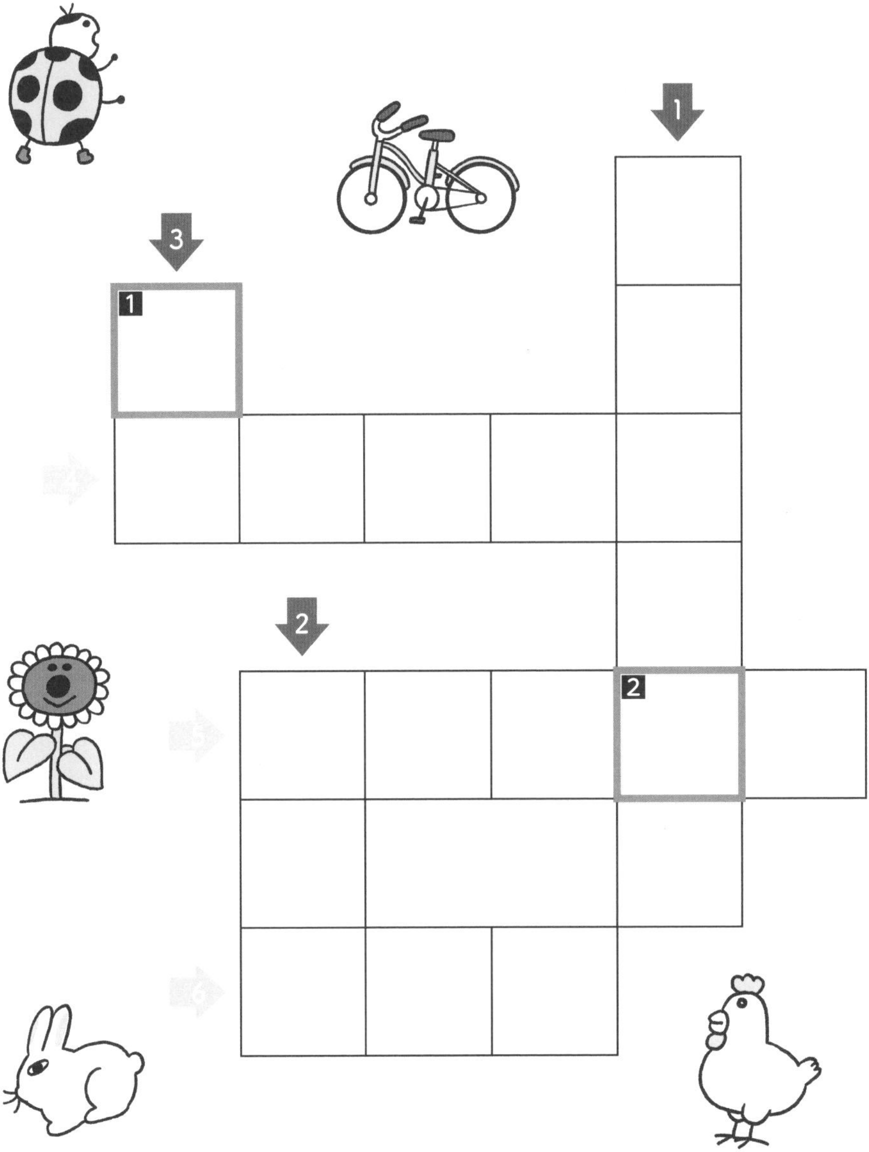

ヘビは □□ から気をつけよう！

1年生ミックスもんだい

1年生
こくご・さんすう・せいかつ

かぎの クイズを よんで、こたえを マスに かこう。
すう字も ひらがなで かいてね。【れい】100→ひゃく

たてのかぎ

1. 友だちと トランプしたり サッカーしたり することを あらわす、うごきことばは なに？
2. 1本の ジュースと 2本の ジュース、たすと なん本？
3. 「304」の よみかたは なに？
4. いま、なんじか わかる どうぐは なに？

よこのかぎ

5. 大きな こえを 出すことを なんと いう？
6. 本を かりることが できる ばしょのことを なんと いう？
7. 100＋3は　なに？
8. リンゴは 右から なんばんめ？

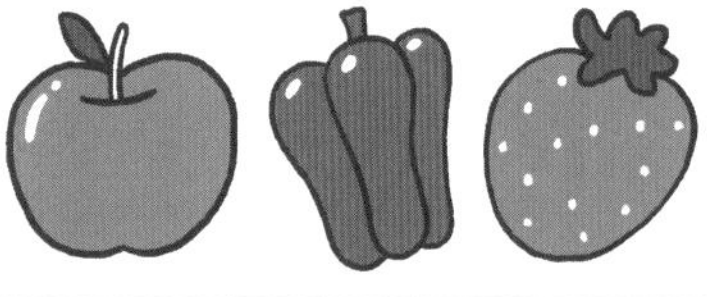

東大生からひとこと
「一」が答えのところに、意地悪な人が一本線を加えたら「二」になってしまう。そうならないように「一」を「壱」と書いていたんだって。

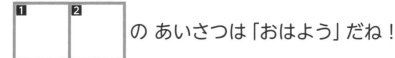

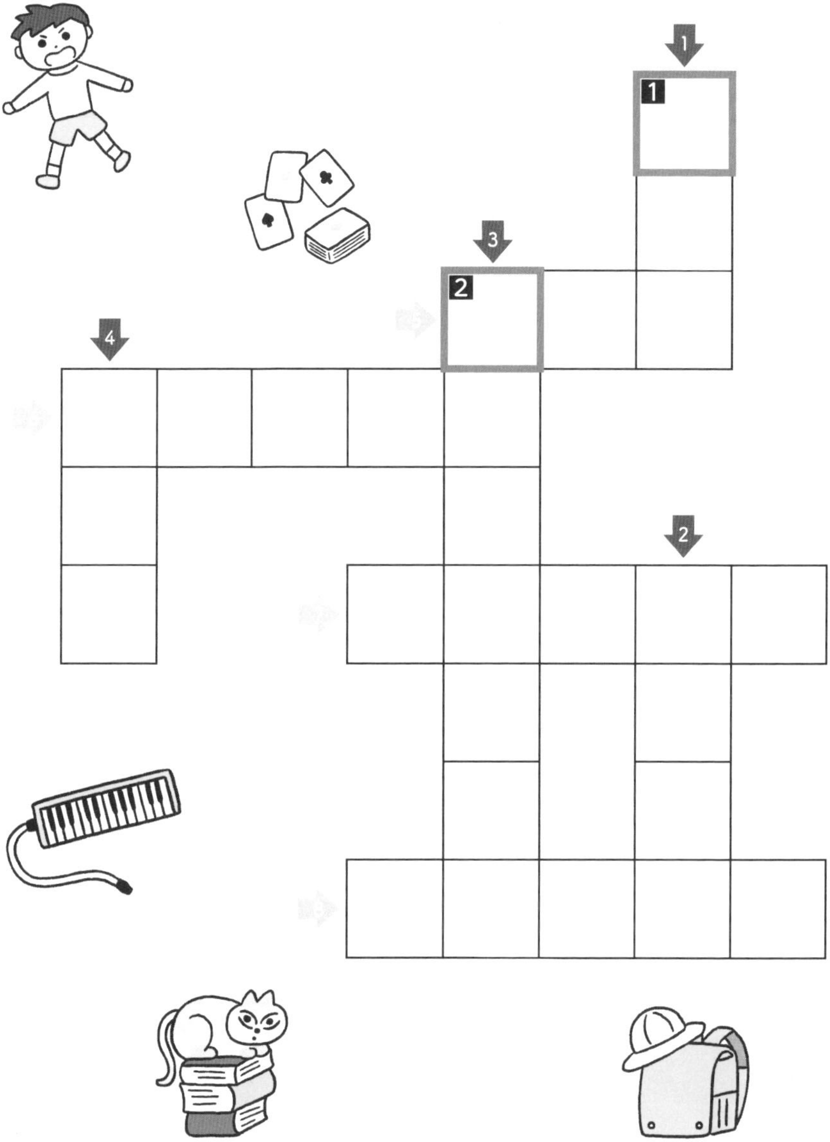

[1][2] の あいさつは「おはよう」だね！

COLUMN 1

国語の成績を上げるには、どうしたらいいの？

国語でよくあるのは、「そもそも言葉の意味がわかっていないから、問題をとけない」ということです。みなさんにとっては少し先の話ですが、たとえば、中学受験でよく出てくる言葉って、意外とむずかしいです。「イノベーション」「画一的」「驚異的」とか、難しい言葉ですよね。日本語だから、どんなにむずかしい言葉が使われていてもなんとなく読めた気になります。でも、実はこのあたりの言葉がわかっていないと、問題をとけないんですよね。

意地の悪いことに、こういう言葉って、実はすごく解答の根拠になっていたりします。

国語の成績を上げたいと思ったときにおすすめなのは、「漢字の勉強」です。漢字をしっかり勉強しておくことで、想像以上にいろいろな知識がつくのです！

たとえば、むずかしい言葉であっても、なんとなくその意味が理解できるようになります。みなさんは「本名」という言葉を知っていますか？「うーん、なんとなくわかるんだけど……」って感じですよね。もし「本名」という言葉を知らなくても、「本」という漢字は「本当」

とか「本音」という言葉で使います。そこから「うそではない正しいこと」みたいな意味かなと想像できますよね。こんな風に、「漢字がわかると意味がわかる」ことが多いのです。

ほかにも「外角」は「外側の角度なんでしょ？」と考えればいいし、「帰京」は「京に帰るんだな」と考えれば、その言葉を知らなくても意味がわかるのです。**ほとんどのむずかしい言葉って「熟語」、つまり複数の漢字が組み合わさってできたものです。**そう考えたときに、その漢字を知っていればなんとなく意味が予想できます。つまり、国語の力がある人というのは、「漢字力」が身についている人と言っていいのではないかと思います。

だからやってほしいのは、**漢字の勉強をしつつ、「この漢字って、ほかでどんなふうに使われているかなあ」と考えること**です。「本」という漢字を見たら「本当」「本音」「本心」「本家」などと、漢字のネットワークをつけていくような感覚をもってみましょう。

13 きせつのことば

2年生 国語

かぎのクイズを読んで、答えをマスに書こう。

たてのかぎ

1. 9～11月くらいまでの、夏のつぎのきせつはなに？
2. 秋にとれる、だいだい色のくだものはなに？
しぶいものもあるよ。
3. 12月25日にある、サンタクロースがかんけいしているイベントはなに？
4. こどもの日がある月の、つぎの月は何月？

よこのかぎ

5. 春に、たくさんの人がお花見する花はなに？
6. 夏に、じんじゃなどで行われる、やたいがならぶ楽しいイベントはなに？
7. 十五夜のときに、そなえる草はなに？
8. 冬に雪がふったときに作る、だるまはなに？
9. 夏に食べる、あまい野さいはなに？
わったりしてあそぶこともあるよ。

東大生からひとこと
桜もちを食べたことあるかな？ 江戸時代の山本新六さんが大量に落ちている桜の葉を何かに利用できないかと考えて生まれたといわれているよ！

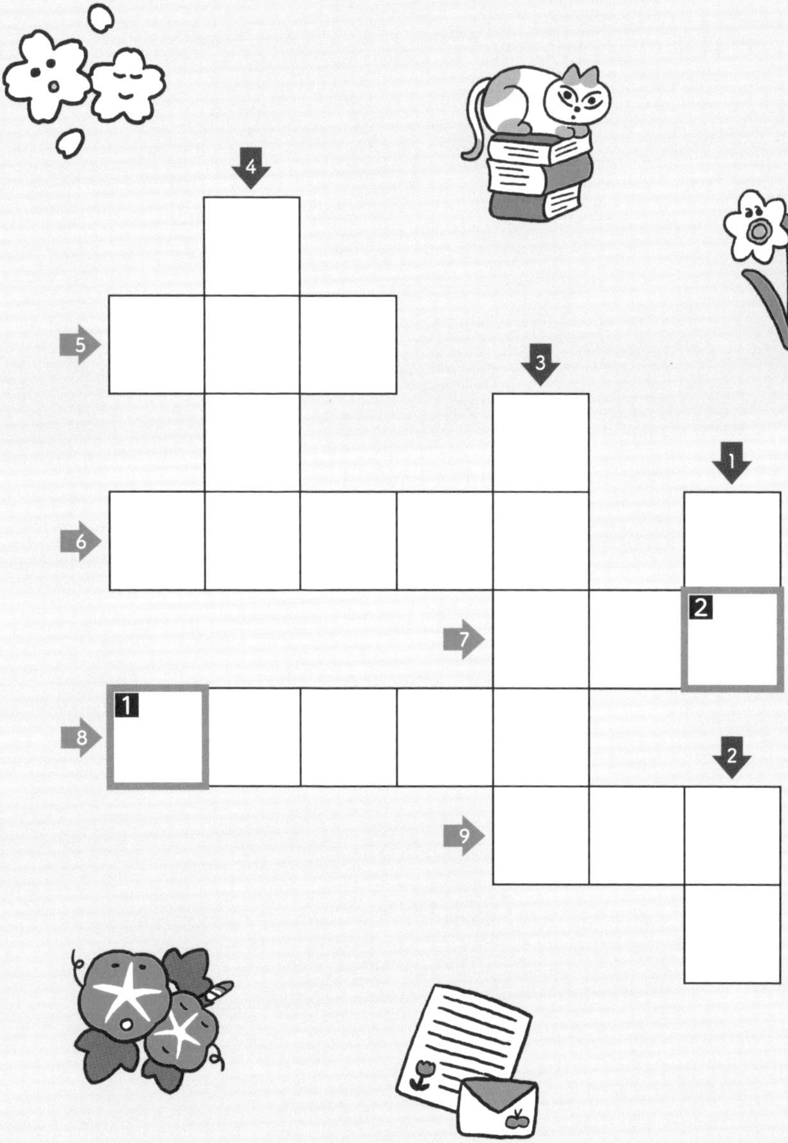

1 2 がふるきせつは冬（ふゆ）だね！

14 しゅ語とじゅつ語

2年生 国語

かぎのクイズを読んで、答えをマスに書こう。

たてのかぎ

1 「わたしは３時にかえる」のじゅつ語は？

2 「ぼくは７時におきる」の「ぼく」はしゅ語？　じゅつ語？

3 「ぜんいんが手をあげた」のしゅ語は？

4 「じょうきゃくはバスに乗った」のしゅ語は？

よこのかぎ

5 「あきらくんは校ていを走る」のじゅつ語は？

6 「ぼくは７時におきる」の「おきる」はしゅ語？　じゅつ語？

7 「ママはわらう」のじゅつ語は？

8 「花はうつくしい」のじゅつ語は？

東大生からひとこと

今、自分のことを「ぼく」とか「わたし」と言うよね！　でも昔は自分のことを「わ」「まろ」「あ」とか言っていたんだよ。

「お金（かね）を 1 2 3 」の□□□はじゅつ語（ご）！

15 かん字のいろいろな読みかた

2年生 国語

つぎの文の、線が引いてあるところの読みかたをマスに書こう。ひらがなのぶぶんも書いてね。

たてのかぎ　よこのかぎ

屋上 に 上る。
1 ↓　2 ↓

下流 で 木から 下りる。
3 →　4 →

日曜日 に 日光よくをする。
5 →　6 ↓

一月 一日 は 元日です。
7 →　8 ↓

東大生からひとこと　「犬、山、耳」などの漢字は、元の形が変化してできた漢字なんだ！　こうやって作られた漢字を象形文字というよ。

「意気地」は 1 2 3 と読むよ！

16 カタカナで書くことば

2年生 国語

3つのことばが、ならんでいるよ。カタカナで書くことばを1つえらんで、答えをカタカナでマスに書こう。

たてのかぎ

1. きょうかしょ／いろがようし／だいやもんど
2. すーぱー／おおかみ／くさはら
3. おたまじゃくし／あいすくりーむ／うらしまたろう
4. ふらんす／ちきゅう／とうだい

よこのかぎ

5. しんゆう／かんむり／すぷーん
6. ふぉーく／にわとり／たけうま
7. しゃみせん／りこーだー／わたりどり
8. はむ／かめ／にく

東大生からひとこと

日本語のように思えるけれど、実は外来語は身の回りにもあるよ。「かるた」や「こんぺいとう」「てんぷら」はポルトガル語から来ているよ！

みんなで 1 2 3 パーティーに行(い)こう！

17

にたいみのことば・はんたいことば

2年生
国語

かぎのクイズを読んで、答えをマスに書こう。
かん字はつかわずに、すべてひらがなで書いてね。

たてのかぎ

1 「まけ」の〈はんたいことば〉はなに？

2 「こい」の〈はんたいことば〉はなに？
あじがこい、の「こい」だよ。

3 「しんせん」と〈にたいみのことば〉はなに？

4 「大きい」と〈にたいみのことば〉はなに？

よこのかぎ

5 「ほほえむ」と〈にたいみのことば〉はなに？

6 「あたたかい」と〈にたいみのことば〉はなに？

7 「西」の〈はんたいことば〉はなに？

8 「出口」の〈はんたいことば〉はなに？

東大生からひとこと

「高い」の反対は「安い」と「低い」の２パターンがあるよね。主語がなにになっているのか気をつけて文章を読もう！

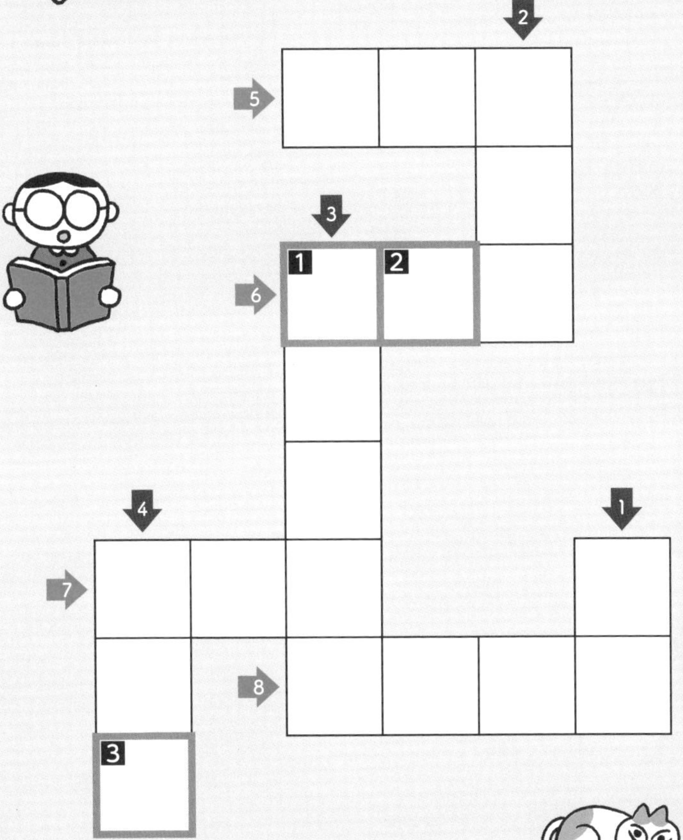

「さむい」のはんたいことばは 1 2 3 だよ！

18 ようすをあらわすことば

2年生(ねんせい)
国語(こくご)

かぎのクイズを読(よ)んで、答(こた)えをマスに書(か)こう。

たてのかぎ

1 「石(いし)のように□□□」
□□□に入(はい)るのは、にがい？　かたい？

2 「昼間(ひるま)は□□□□」
□□□□に入(はい)るのは、おいしい？　あかるい？

3 「ライトが□□□□している」
□□□□に入(はい)るのは、ちかちか？　くらくら？

4 「おにごっこは□□□□」
□□□□に入(はい)るのは、たのしい？　ちいさい？

よこのかぎ

5 「おかあさんが□□□□に怒(おこ)る」
□□□□に入(はい)るのは、かんかん？　がくがく？

6 「ありのように□□□□」
□□□□に入(はい)るのは、あかるい？　ちいさい？

7 「ビルのように□□□」
□□□に入(はい)るのは、たかい？　つらい？

8 「大木(たいぼく)のみきのように□□□」
□□□に入(はい)るのは、からい？　ふとい？

東大生(とうだいせい)から ひとこと
様子(ようす)を表(あらわ)すことばで「凸凹」というのがあるよ！　なんて読(よ)むかな？　なんと「デコボコ」と読(よ)むよ。

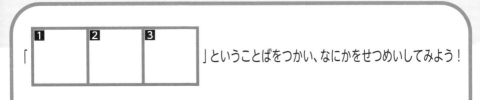

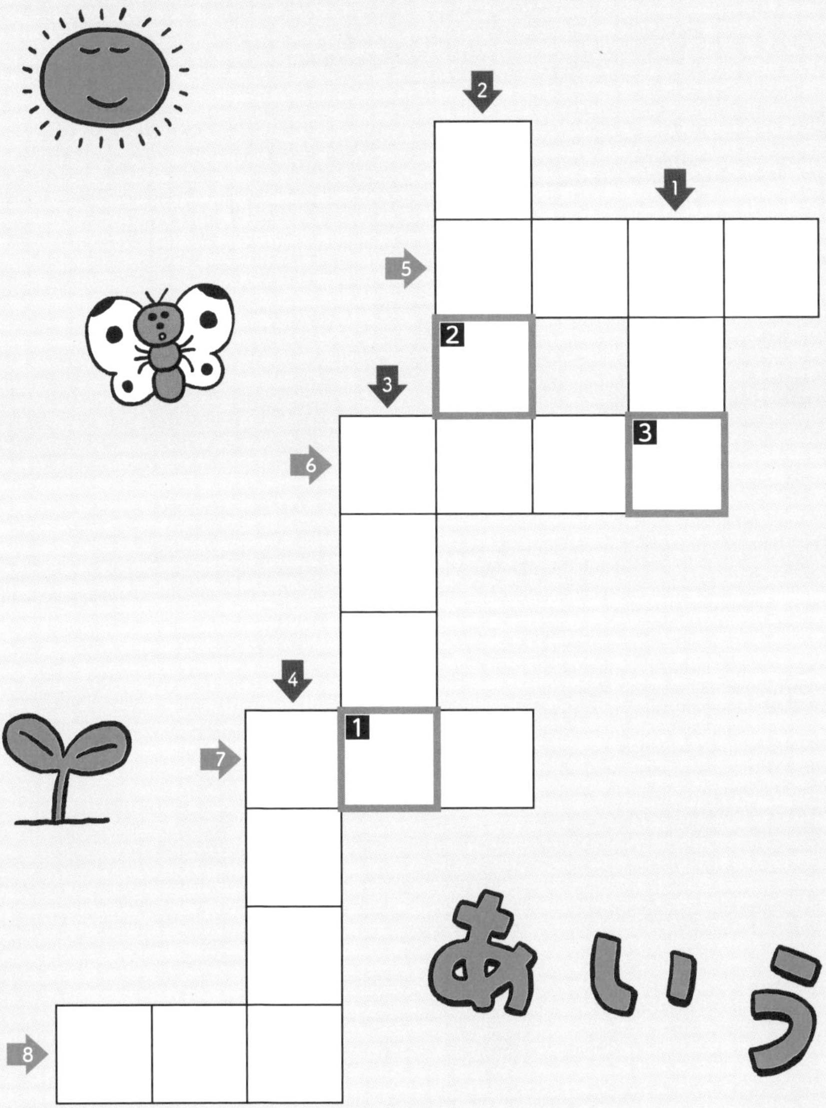

あいう

「1 2 3」ということばをつかい、なにかをせつめいしてみよう！

19 長さや水のかさのたんい

2年生 算数

かぎのクイズを読んで、答えをマスに書こう。数字やたんいも、すべてひらがなで書いてね。【れい】m→めーとる

たてのかぎ

1 「dL」はなんと読むかな？

2 「1dL」が10あつまると□Lになるよ。
□に入る数字を、ひらがなにして書いてね。

3 80mmは何cmかな？　たんいも答えてね。

4 このスプーンの長さは□□cm。
□□に入る数字を、
ひらがなにして書いてね。

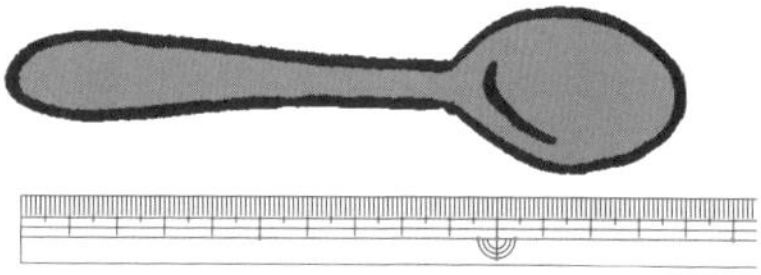

よこのかぎ

5 1dL－92mLは？　たんいも答えてね。

6 「mm」や「cm」「m」を、長さをあらわす□□□というよ。
□□□に入ることばはなに？

7 3m45cm＋6m55cmは？　たんいも答えてね。

東大生からひとこと
料理をしていると「cc」という単位をよく見かけるよ。これは、「mL」と同じ意味なんだ！　よく出てくるから覚えておこう。

テントウムシは | 1 | 2 | 3 | 4 | mくらいの大きさだよ！

20 時こくと時間

2年生
算数

かぎのクイズを読んで、答えをマスに書こう。数字やたんいも、すべてひらがなで書いてね。【れい】8時30分→はちじはん

たてのかぎ

1 時こくと時こくの間のことをなんという？

2 Aくんは右の時計の時こくに家を出たよ。
家を出た時こくは何時何分？

3 Aくんは右の時計の時こくに家に帰ってきたよ。
家に帰ってきた時こくは何時何分？

4 Aくんは家に帰ってきてから、手あらいとうがいをしたよ。ごはんを食べるときには、右の時計の時こくだったよ。家に帰ってきてからごはんを食べはじめるまでにかかった時間は何分間？

よこのかぎ

5 9時30分の35分後は何時何分？

6 8時30分は8時45分の何分前？

7 90分は1時間と何分？

東大生からひとこと 世界の正確な時間は「原子時計」によって決められているよ！　原子時計はなんと大体1万年に1秒のずれしかないんだ。

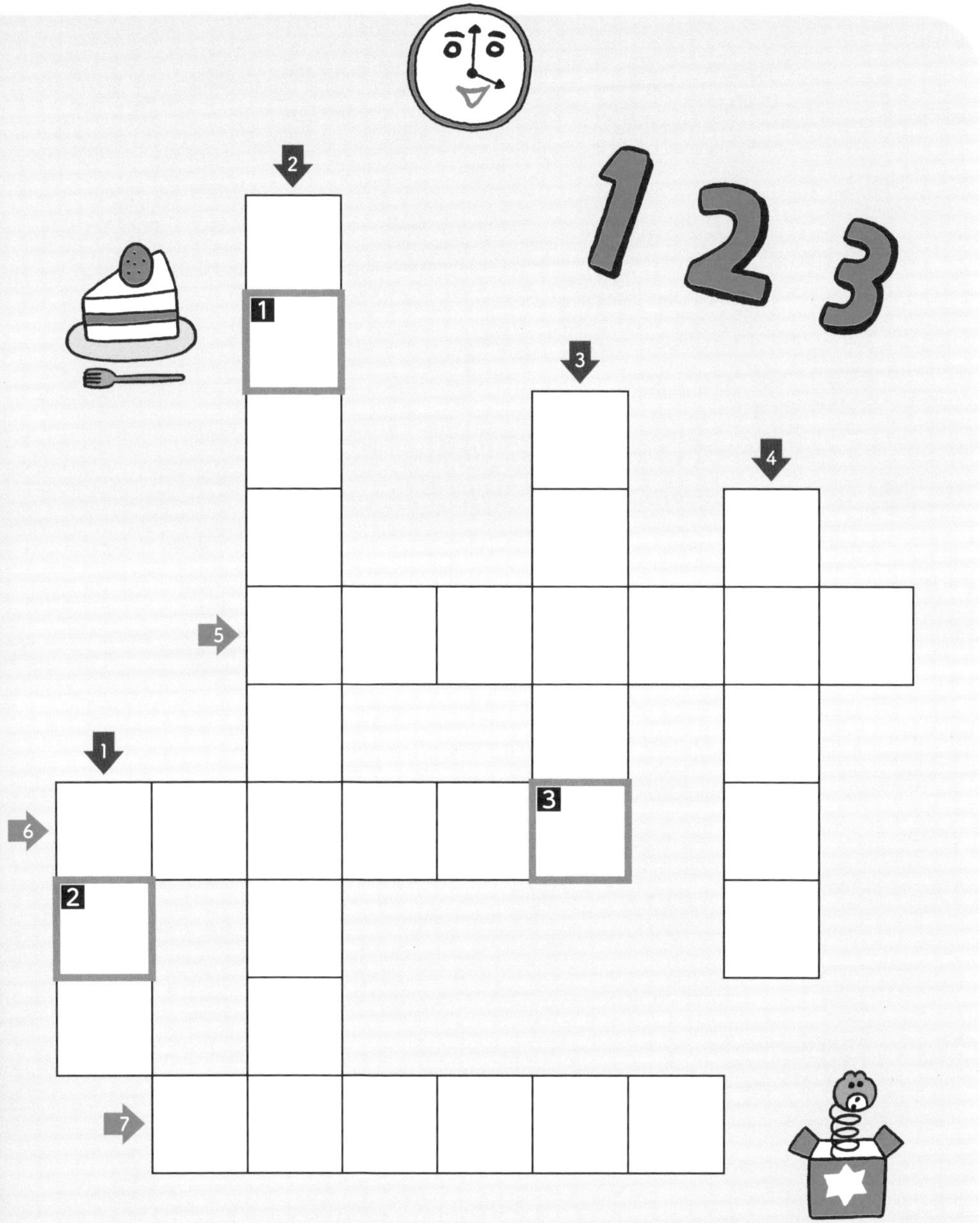

1	2	3

がわかると、生活（せいかつ）がべんりになるよ！

21 三角形と四角形

2年生
算数

かぎのクイズを読んで、答えをマスに書こう。数字やたんいも、すべてひらがなで書いてね。【れい】3→さん

たてのかぎ

1 むかい合っているへんの長さが同じで、4つの角はみんな直角の四角形をなんという？ へんの長さは2しゅるいあるよ。

2 三角形の中でも、直角がある三角形をなんという？

3 右の図は長方形だよ。★のへんの長さは□□□□□メートル。□□□□□に入ることばはなに？

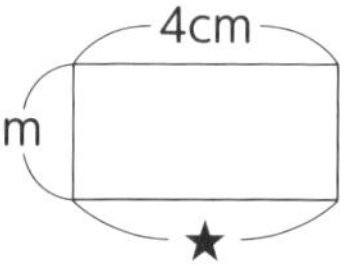

よこのかぎ

4 矢じるしのぶぶんをなんという？

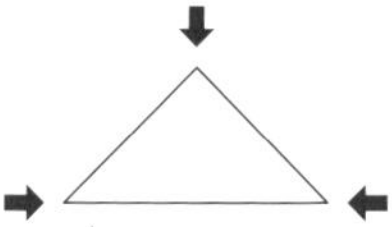

5 正方形か長方形かを見分けるには、へんの□□□をくらべるとわかるよ。□□□に入ることばはなに？

6 右の図は直角三角形？ それとも三角形？

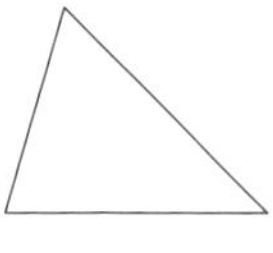

7 4つの角がみんな直角で、4つのへんの長さがみんな同じ四角形のことをなんという？

東大生からひとこと
自然の中に四角形のものはないように見えるかもしれない。でも、実は食塩を顕微鏡で見てみると全部四角なんだ！

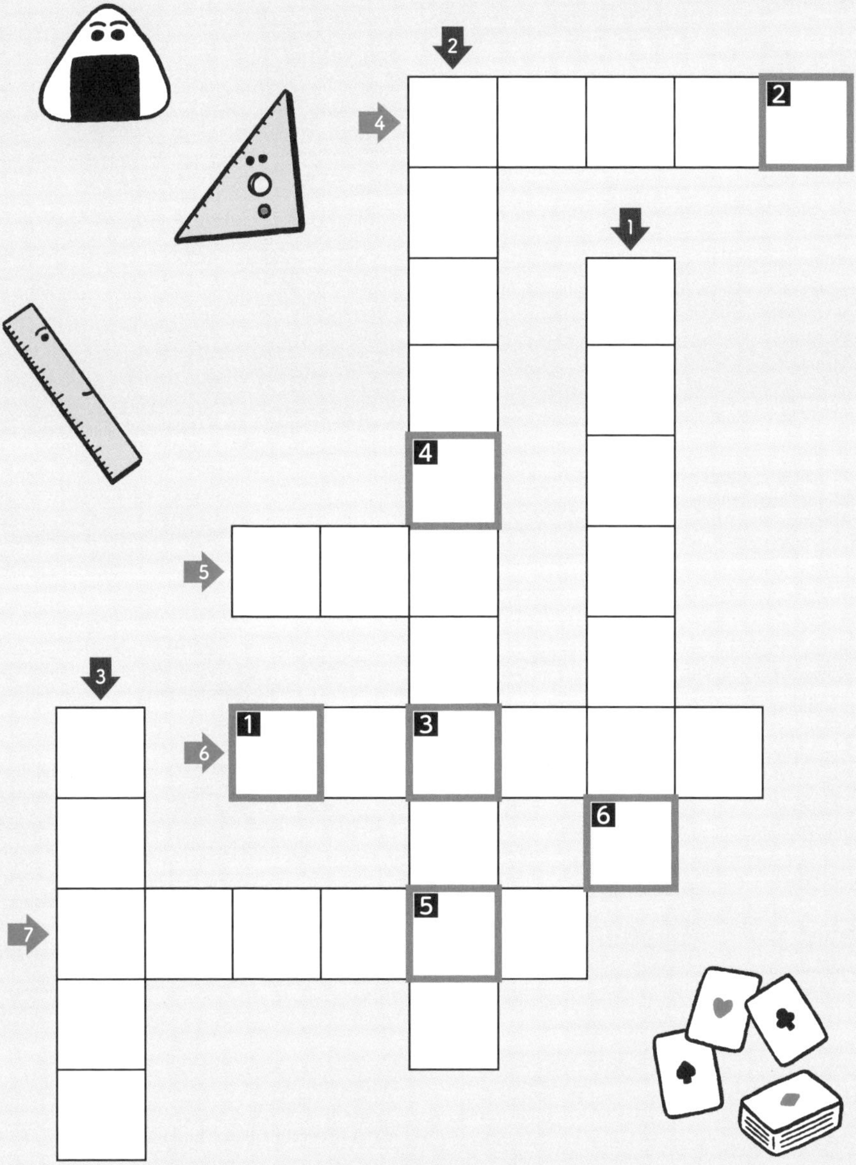

サンドイッチは 1 2 3 4 5 6 だね！

22 九九

2年生
算数

かぎの九九の答えをマスに書こう。数字はすべてひらがなで書いてね。【れい】10→じゅう

たてのかぎ

1 9×7はなに？

2 2×7はなに？

3 5×5はなに？

4 8×4はなに？

よこのかぎ

5 7×8はなに？

6 5×9はなに？

7 6×2はなに？

8 6×4はなに？

東大生からひとこと

新幹線の席は2人席と3人席があるよ。2と3を組み合わせれば、5以上の数は全部作れるから、クラスの人数が何人でも並んで座れるね！

マスにうまくあてはまらないときは、同(おな)じいみで、ちがういいかたをしてみよう！

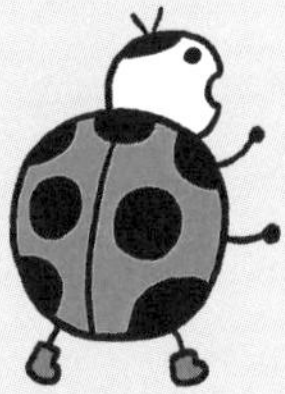

6 × 7 =

1	2	3	4	5	6

23 4けたの数

2年生
算数

かぎのクイズを読んで、答えをマスに書こう。数字はすべてひらがなで書いてね。【れい】2000→にせん

たてのかぎ

1. 3けたの数で一番小さい数はなに？
2. 「4300」はなんと読む？
3. 「1052」はなんと読む？
4. 2000＋2100の答えはなに？

よこのかぎ

5. 「402」はなんと読む？
6. 4けたの数で一番小さい数はなに？
7. 3000と300を足したらいくつになる？
8. 「113」はなんと読む？

東大生からひとこと
1から順番に「1×2×3×4×5…」と数をかけていくと、5で三けたになり、7で四けたになるよ！　きみも試してみよう。

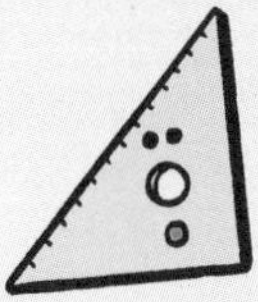

数字（すうじ）が出（で）てくるよ！

1 2 3

24 野さいのせい長

2年生
生活

かぎのクイズを読んで、答えをマスに書こう。

たてのかぎ

1 だいずは「たんぱくしつ」が多く、「はたけの□□」とよばれるよ。□□に入ることばはなに？

2 おもくて、ごつごつしていて、かわがみどり色で、みのぶぶんがオレンジ色の野さいはなに？

3 みどり色で細長く、黄色い花の野さいはなに？ぼつぼつがついているよ。

4 ピーマンのかわは何色？

よこのかぎ

5 野さいがそだったあとに、それをとることをなんという？

6 野さいをそだてるために、水をあげることをなんという？

7 野さいなどがそだつことをなんという？

東大生からひとこと 「パンプキン」はオレンジ色のカボチャのことで、よく食べている緑色のカボチャは「スクワッシュ」っていうんだよ！

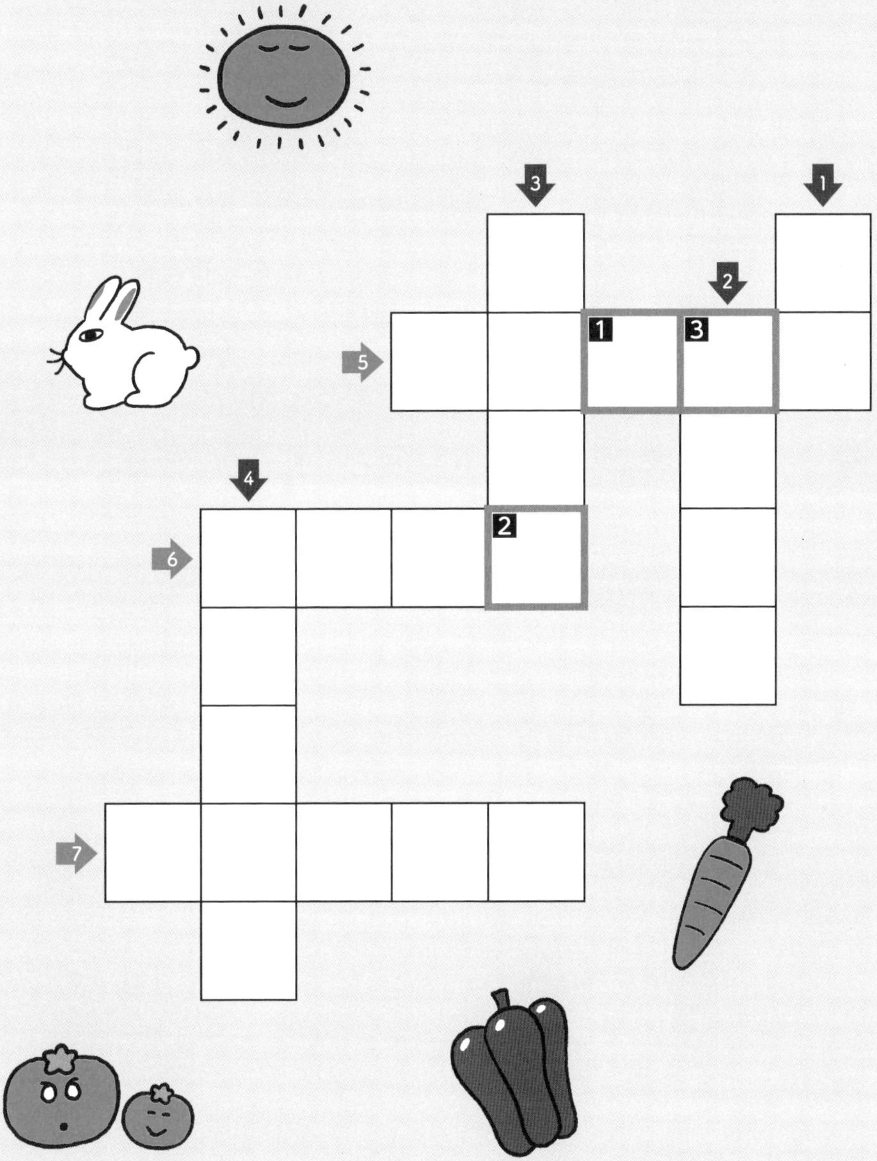

キュウリやスイカ、カボチャは ［1］［2］［3］ の野さいだよ！

25 まちたんけん

2年生
生活

かぎのクイズを読んで、答えをマスに書こう。
すべてひらがなで書いてね。

たてのかぎ

↓1 けがやびょう気になったときに行くところはどこ？

↓2 かみさまをまつっているところはどこ？

↓3 □□□□マーケットは、
いろいろなものをたくさん売っているお店だよ。
□□□□に入ることばは、なにかな？

↓4 まちを歩くときは□□□に気をつけよう。
□□□に入ることばはなにかな？
４つのタイヤがあるのりものだよ。

よこのかぎ

→5 しょうぼう車やきゅうきゅう車が、
ふだんとまっているところはどこ？

→6 おいしいごはんが出てくるお店はどこ？

→7 せんたくものをあらってくれるお店はどこ？

東大生からひとこと
京都の街なみは、たてと横の道が直角に交わった形をしているよ。これは昔の中国を参考に街を作ったからなんだ！

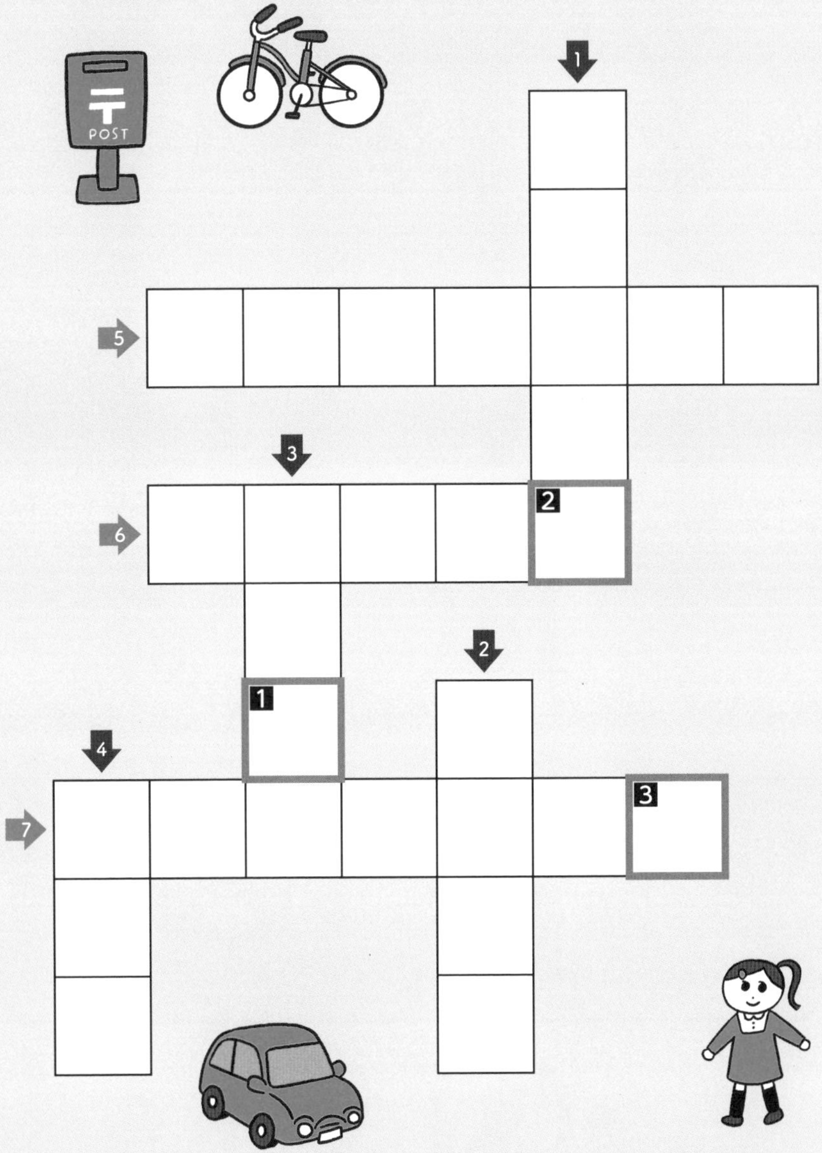

[1][2][3]さんから、いいにおいがするね！

26 みぢかなマーク

2年生
生活

つぎのマークは、なにをあらわすマークかな？
答えをマスに書こう。

たてのかぎ

公しゅう□□□をあらわしているよ。

1

2

ｉは「インフォメーション」のりゃくで、日本語でいうとなにかな？ □□□□ばんと書かれていることもあるよ。

3

4

よこのかぎ

5

6

7

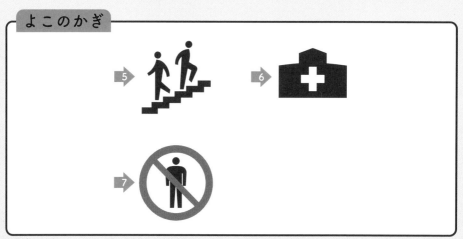

※本来の色とはちがう色で表示されているマークもあります。

東大生からひとこと

ピクトグラムって知っているかな？　絵文字のことだよ。海外の人と話す言葉がちがっても、このマークならすぐに通じ合えるね。

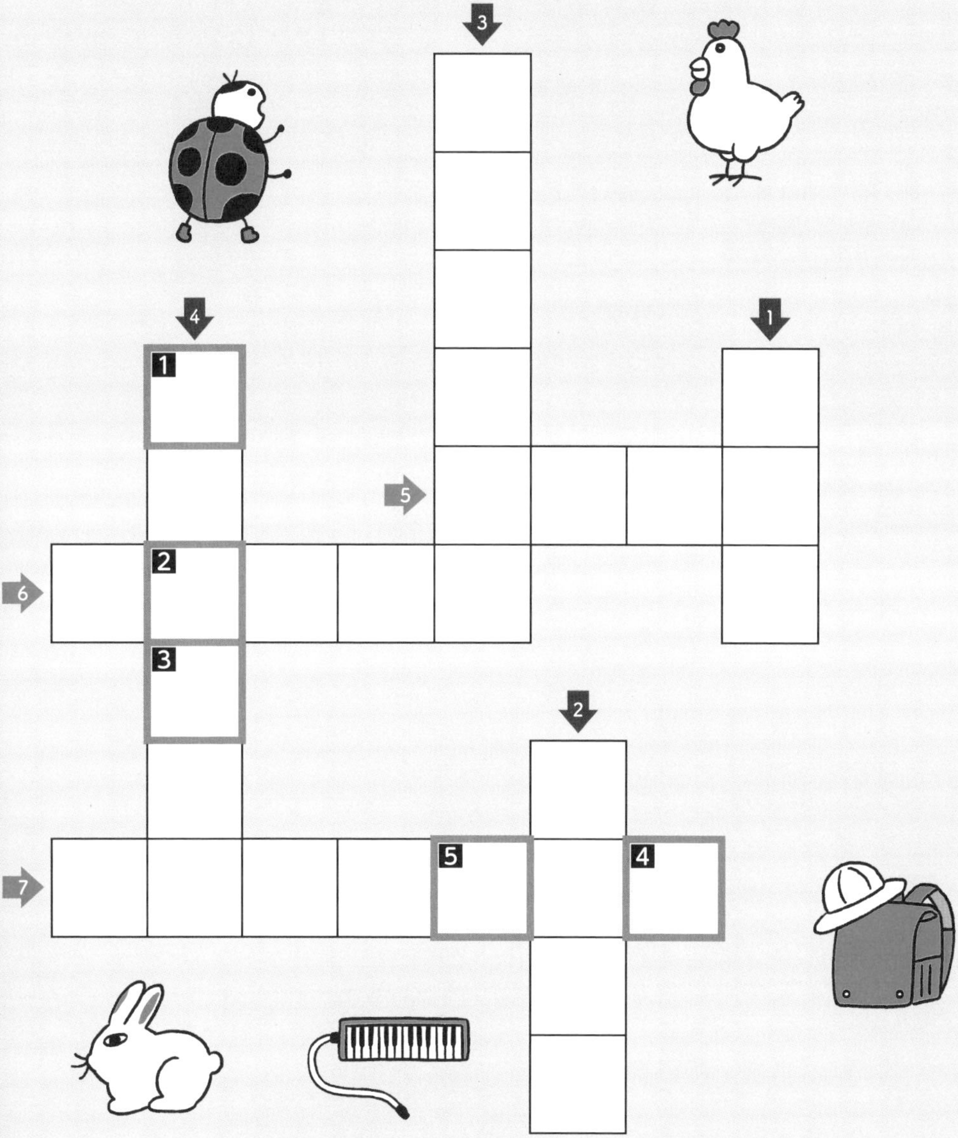

まちには、たくさんの 1 2 3 4 5 があるよ！

27 きせつのくらし

2年生
生活

かぎのクイズを読んで、答えをマスに書こう。

たてのかぎ

1 秋にまん月をながめて楽しむぎょうじで、すすきをかざったり、おだんごを食べたりするよ。

2 夏に、目かくししてスイカをわるイベントだよ。

3 年のはじめをいわうぎょうじが行われるきかんのことを、なんという？

4 冬によく見る、入るとあたたかいもの。中でねこが丸くなるといわれるよ。

よこのかぎ

5 春に、サクラを見ながらごはんやおやつを食べるぎょうじはなに？

6 秋に、イチョウなどのしょくぶつのはっぱが黄色や赤色にそまることをなんという？

7 夏にある、長い休みのことをなんという？

8 ひな人形をかざって、ひしもちをそなえ、女の子のせい長をねがうぎょうじだよ。

東大生からひとこと

お正月に食べるおぞうにには地域差があるよ。もちが丸だったり四角だったり。みそを入れたり入れなかったり。クルミが入っているおぞうにもあるよ。

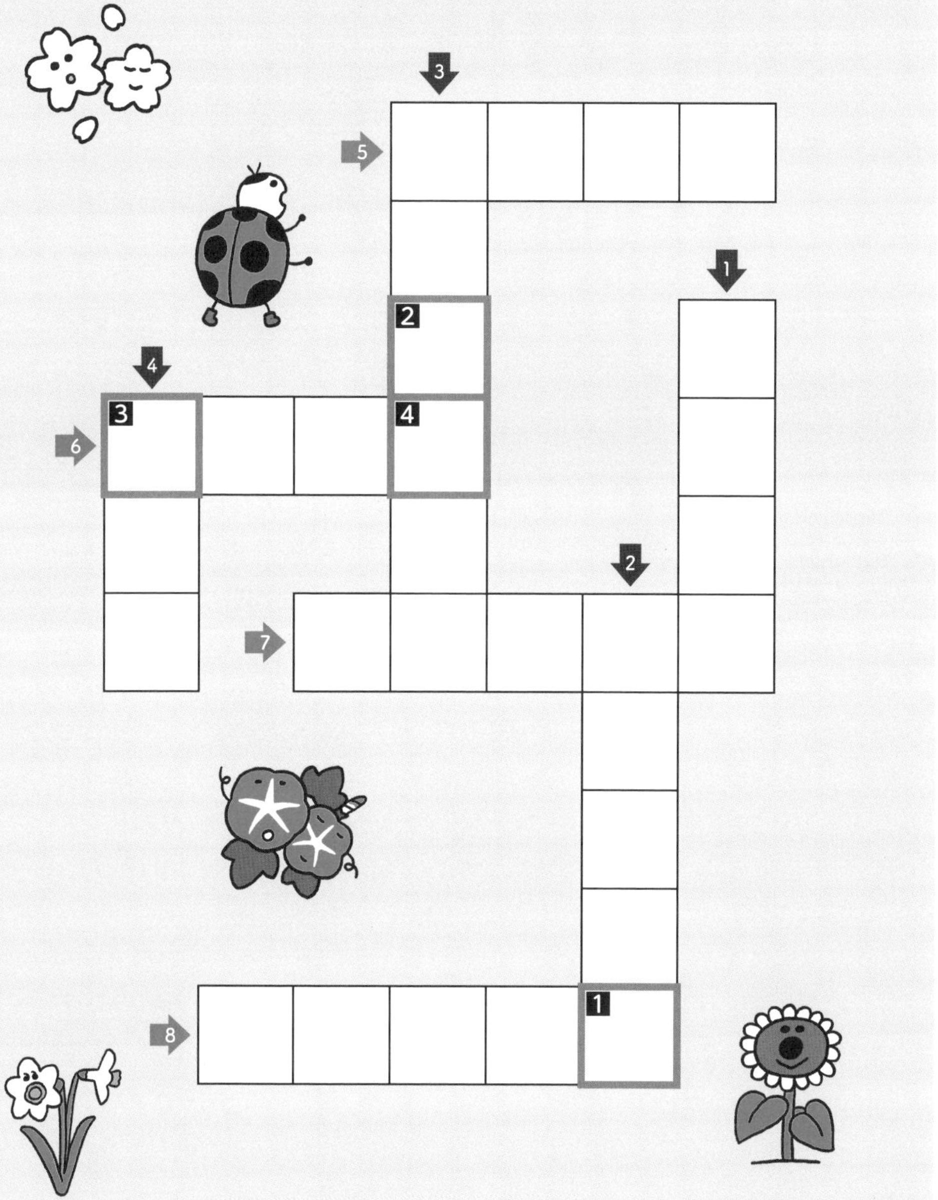

1	2	3	4

に行(い)って、きせつをかんじたよ！

COLUMN 2

算数の成績を上げるには、どうしたらいいの？

みなさんは、算数は得意ですか？　そして、計算は速いほうですか？　人によってこの質問に対する回答はまちまちでしょう。しかし、実は一つ面白い話があります。**算数が苦手な人は、計算もおそい場合が圧倒的に多いのです。**ぎゃくに、「計算がおそいけれど、算数が得意な人」はほぼ存在しないと言っていいのです。

つまり、**計算力がないと、算数は苦手なままになってしまう**、ということです。たとえば、みなさんが「18」という数字を見て「2×9と、3×6だな」とパッと思いつけるならば、その後で習う分数も楽々マスターできますし、小数の計算でも苦労しなくなります。ぎゃくに、小学校低学年のころの計算問題を、「がんばれば、なんとかできる」という程度ですませて学年が上がってしまうと、算数・数学の問題をとくのがどんどんつらくなっていき、結局のびなやんでしまうのです。**この差を生んでいるのは、「数の暗黙知」**とよばれるものである、ということは、さまざまな教育学者が言っています。

突然ですがみなさんは、自転車には乗れますか？　「乗れる！」という人は結構多いのかなと思うのですが、自転車って、一回乗れるようになったら後からその練習をする必要ってありませんよね。「なぜ自転車に乗れるのか」「どう自転車に乗ればいいのか」ということがわかっているわけではないのにもかかわらず、一度体が覚えると、そのあとの人生でもずっと、同じように乗れるようになっているわけですね。体がそう覚えていて、それによって一度わすれてもすぐに思い出すことができる。これが、「暗黙知」と言われるものです。「説明できないけれどできてしまう力」、と言いかえてもいいかもしれませんね。

さて、この「暗黙知」が、算数の問題をとく上で重要になってくるのです。九九なんて、「なぜ6×8が48なのか」というのがわかっていなくても「ろくいちがろく」「ろくにじゅうに」「ろくさんじゅうはち」と答えられるはずです。そしてその後、人生でずっとわすれないでいますよね。東大生は、数の暗黙知が「広く」身についている場合が多いのです。たとえば、216という数を見て、「6の三乗だ！」とすぐに思いつきますか？　2021という数字を見て、「あ、素数じゃなくて43×47だな」と思いつきますか？　東大生は、「7×8」と言われて「56！」と答えるのと同じように、「6×6×6」と言われて「216」と答えられるのです。

みなさん、計算をがんばりましょう！　自転車の乗りかたがわからなくても体が覚えているのと同じで、計算は「体で理解している状態」になれば、パッと見ただけで答えが出るようになります。がんばってください！

28

2年生ミックス問題

2年生
国語・
算数・
生活

かぎのクイズを読んで、答えをマスに書こう。
すべてひらがなで書いてね。

たてのかぎ

1 ここは本がたくさんおいてあるへややたてもので、本をかし出してくれるところ。

2 「れいんぼー」「たいこ」「にじ」。この中で、カタカナで書くものはどれ？

3 赤くて丸い、夏の野さい。ケチャップのもとになるよ。

4 冬にやる、雪玉をなげてたたかうあそびはなに？

よこのかぎ

5 これは何のマークかな？

6 100cm＝1m。「m」はなんと読む？

7 この石の形はとてもうつくしい。「形」はなんと読む？

8 これは何時何分？

東大生からひとこと

日本のお札は紙でできているけど、オーストラリアなど、海外にはプラスチックでできたお札もあるよ。

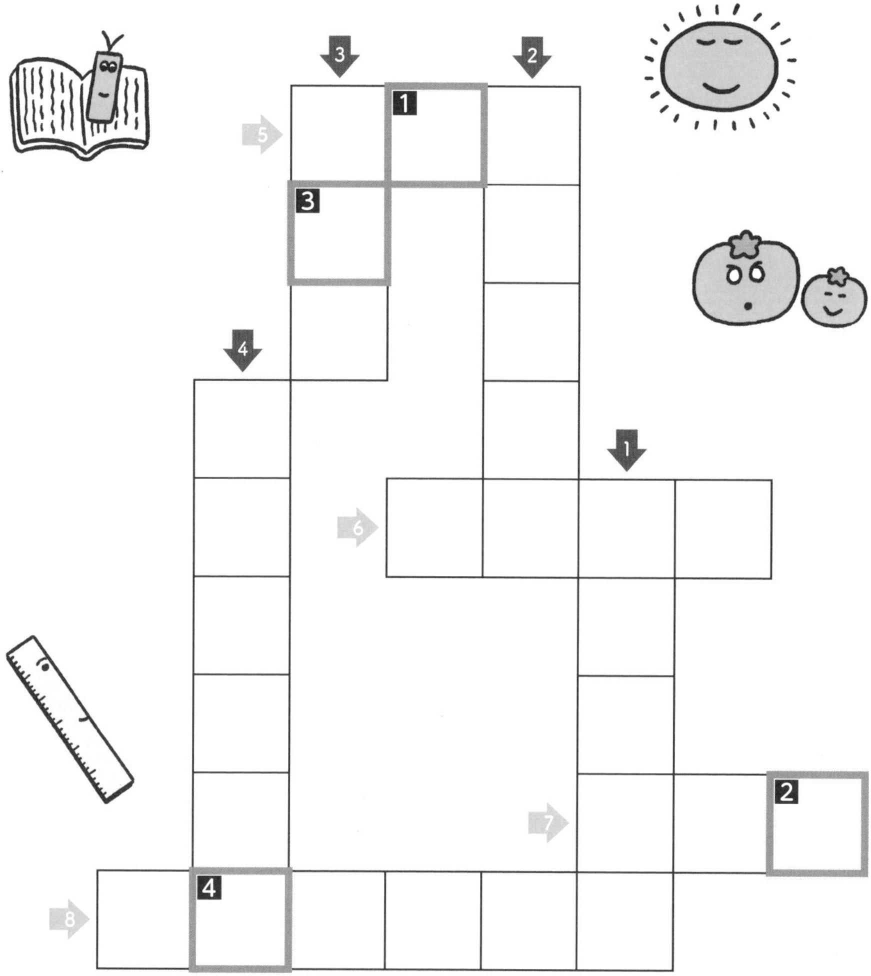

日本（にほん）のおさつで一番高（いちばんたか）いのは

1	2	3	4

円（えん）さつだよ！

29 漢字の音とくん

3年生 国語

つぎの文の、線が引いてあるところの読みかたをマスに書こう。

たてのかぎ　よこのかぎ

このエレベーターは定員が定まっている。
1（定員）　2（定）

アメリカ横断で横切った町。
3（横断）

紙の表に決意を表明する。
4（表）　5（表明）

つかれたので深く息をすって、しっかりと休息を入れる。
6（息）　7（休息）

電球の光は、フィラメントが発光しているんだよ。
8（光）　9（発光）

地球は引力によって太陽に引かれている。
10（引力）

たけしくんは代打に指名され、ホームランを打った。
11（代打）

東大生からひとこと　「明日」「大人」「二十日」といった、特別な読みかたをする言葉を熟字訓というよ。

あいう

漢字（かんじ）は［1］［2］も［3］［4］も重要（じゅうよう）だよ！

30 こそあど言葉

3年生 国語

次の文の、線が引いてある部分は、なにを指しているかな？　指しているものの名前をマスに書こう。

たてのかぎ

1 それを、かしてください。（線：それ）

2 これを使ってもいいですか？（線：これ）

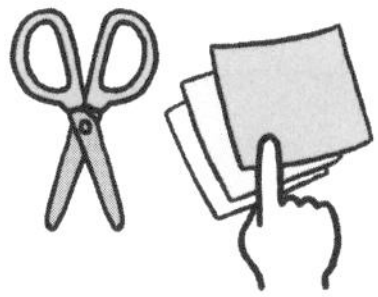

3 それは、だれのですか？（線：それ）

4 あれはなんですか？（線：あれ）

よこのかぎ

5 それを、かしてください。（線：それ）

6 これは、だれのですか？（線：これ）

7 あれはなんですか？（線：あれ）

8 それを取ってください。（線：それ）

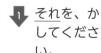

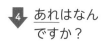

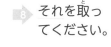

東大生からひとこと　こそあど言葉は大人でも使いこなすのが難しいよ。「あれとってー！」「どれー!?」「あれだよ。あれあれ。」

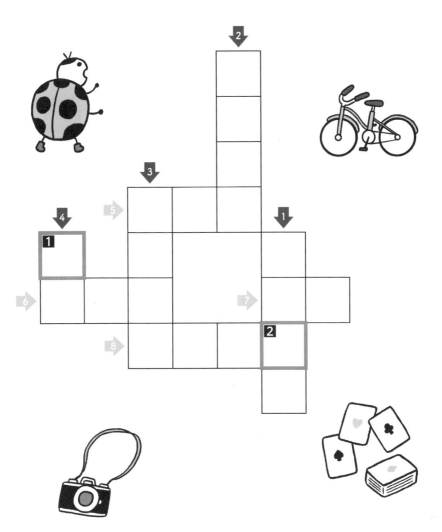

こそあど言葉(ことば)を [1][2] 語(ご)というよ。

31 漢字のへんとつくり

3年生 国語

かぎのクイズを読んで、答えをマスに書こう。

たてのかぎ

1. 「語」の「言」のように、漢字の左がわにあって、大まかな意味をしめす部分をなんという？
2. 「紙・細・終」に共通する部分の名前は？
3. 「礼・社・神」に共通する部分の名前は？
4. 「草・花・葉」に共通する部分の名前は？
5. 「安・客・守」に共通する部分の名前は？

よこのかぎ

6. 「顔」の「頁」のように、漢字の右がわにある部分をなんという？ここが大まかな意味をしめすこともあるよ。
7. 「池・泳・決」に共通する部分の名前は？
8. 「住・体・代」に共通する部分の名前は？
9. 「近・道・遊」に共通する部分の名前は？
10. 「姉・妹・始」に共通する部分の名前は？

東大生からひとこと

頁は、ひざまずいた人間の頭部を表しているよ。だから、「頭・顔・額」など、人の頭に関係する漢字に使われるよ！

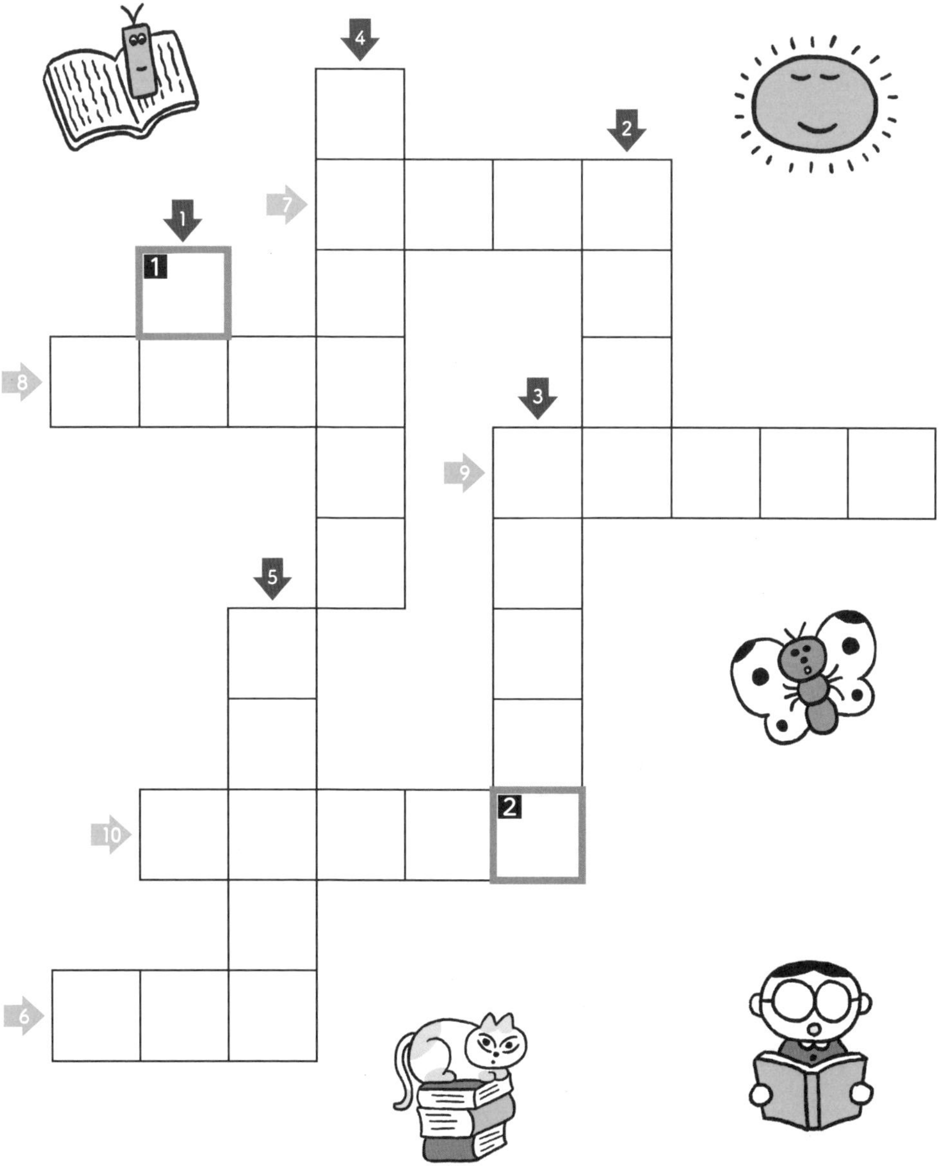

「村（むら）」のへんは、き[1][2]だね！

32 ローマ字

3年生
国語

次のローマ字の読みかたをマスに書こう。ひらがなで書いてね。

たてのかぎ

1 nyûsu
2 tokoroten
3 batto
4 hottikisu
5 sakyû

よこのかぎ

6 kozeni
7 hototogisu
8 santi
9 kitte
10 kyûsu

東大生からひとこと
ローマ字がしっかり読めるようになると、こんな難しい駅名も読めるよ！「特牛」(kottoi)。これは、山口県にある駅の名前だよ！

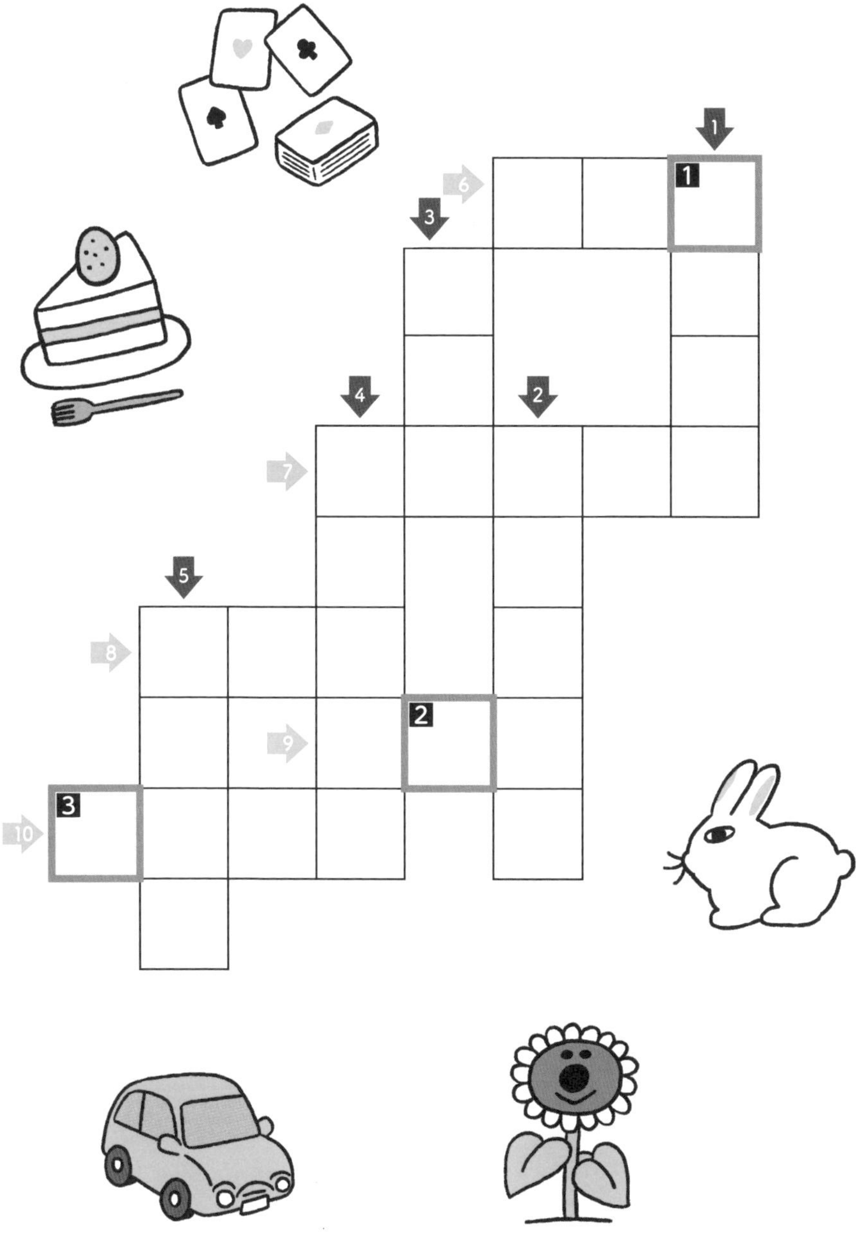

「nikki」の読みかたは 1 2 3 だね。

33 しゅうしょく語

3年生
国語

次の文章から、しゅうしょく語をぬき出してマスに書こう。

たてのかぎ

1. 寒い冬がやってくる。
2. 新しい先生が来た。
3. かれはいさましい人だ。
4. 東京は明るい町だ。
5. これは軽いボールだ。

よこのかぎ

6. 花がたくさんさいた。
7. 白い車が走っている。
8. あまいおかしを売っている。
9. これは苦しいてん開だ。
10. いとおしい子犬がいる。

東大生からひとこと
修飾語を見つけるポイントは、まず主語と述語を見つけること！　それがわかれば、ほかの部分が修飾語だよ。

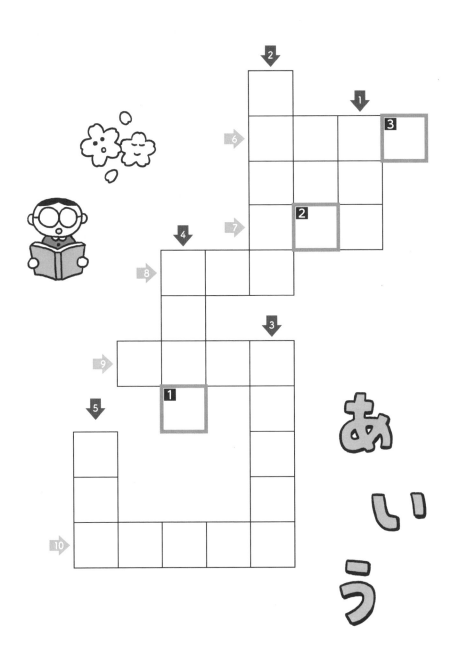

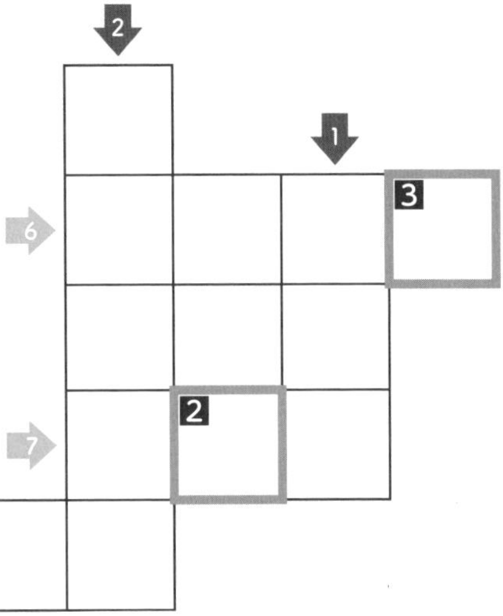
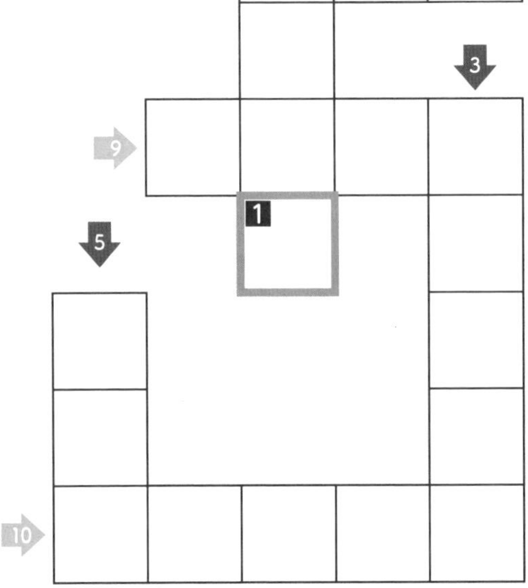

あいう

1	2	3

な言葉(ことば)を使(つか)ってみよう！

34

ことわざ・故事成語

3年生 国語

かぎのクイズを読んで、答えをマスに書こう。
すべてひらがなで書いてね。

たてのかぎ

1 古いものをもとに新しいものを生み出すことをなんという？

2 とてもいそがしいことを表すことわざはなに？

3 むだな心配のことをなんという？

4 何度も語句を練り直し、よいものにすることをなんという？

5 いいかげんなことを「□□□な対応」というよ。

よこのかぎ

6 無意味なことをなんという？　「ねこ」を使ってね。

7 じゃまなものや、うっとうしいことをなんという？　「め」を使ってね。

8 上手な人でもしっぱいすることがある、ということをなんという？
「さる」を使ってね。

9 本当に自分のことをわかってくれる親友のことをなんという？

10 出世やせいこうのための、関門のことをなんという？

東大生からひとこと
知音とは、琴の名手の友人を「音を知る人」と表現したことが由来になっているよ！

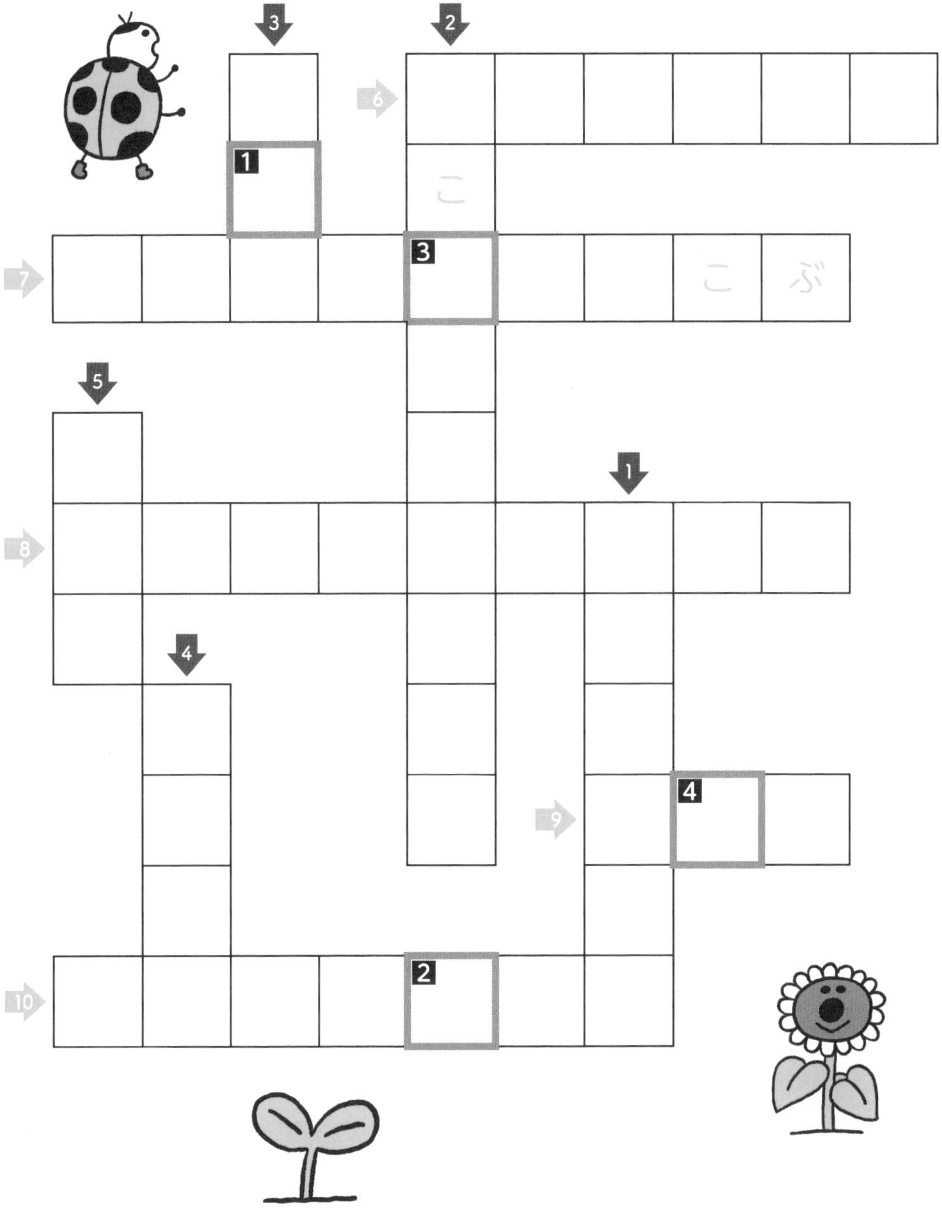

ざ 1 2 3 め 4 を言ってみよう！

35 時刻の計算

3年生 算数

かぎのクイズを読んで、答えをマスに書こう。
すべて数字で書いてね。【れい】7時10分→7 1 0

たてのかぎ

1 7時45分からごはんを食べ始めて、40分食べていたよ。何時何分に食べ終わったかな？

2 45分の授業が、4時30分から始まったよ。いつ終わるかな？

3 1時間まであと1分。今、何分かな？

4 学校から5分のきょりにある家に5時50分に着くためには、何時何分に学校を出ればいいかな？

5 2時30分に着くはずの電車が5分おくれたよ。いつ着いたかな？

6 3時ちょうどに家を出て15分歩いて駅に着いたよ。いつ着いたかな？

よこのかぎ

7 3時10分集合だったので、5分前に駅に着いたよ。何時何分に駅に着いたかな？

8 5時までのしけんで、のこり時間が15分だよ。今何時何分かな？

9 5時半まであと5分だよ。今何時何分かな？

10 1分まであと2秒。今、何秒かな？

11 5時スタートのしけんで、35分たったよ。いま何時何分かな？

12 9時までに終わるはずが、5分えん長してしまったよ。何時何分に終わったかな？

東大生からひとこと 昔は24時間を十二支で分けたよ。午前、午後の「午」はそのなごりだよ。「午」は「馬」を表しているんだ。

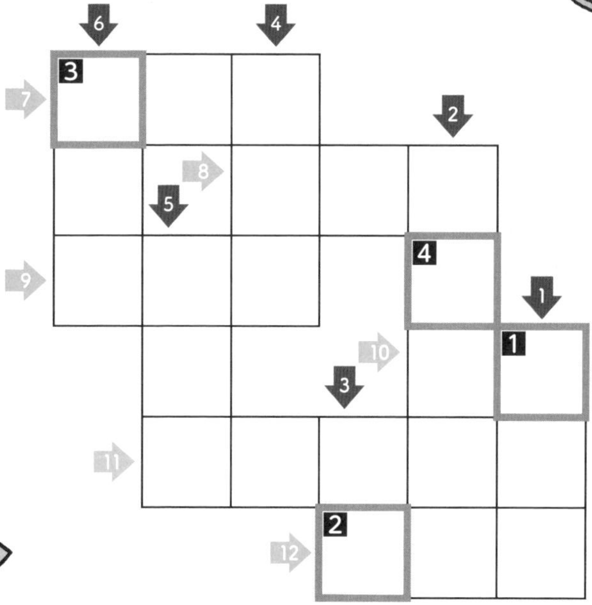

ヒント

4＝よ　3＝さ　1＝い
9＝く　8＝は　2＝に

1	2	3	4

は冬(ふゆ)の野菜(やさい)だね！

36 わり算

3年生
算数

かぎのクイズを読んで、答えをマスに書こう。すべて数字で書いてね。【れい】3こで2こあまる→3|2

たてのかぎ

1 23このあめ玉を1人4こずつ分けると、1人あたり□こで□こあまるよ。

2 83このおはじきを5こずつでまとめると、
まとまりは□□こできて□こあまるよ。

3 77本のえん筆を3人に分けると、1人あたり□□本で□本あまるよ。

4 62まいのプリントを7人に分けると、
1人あたり□まいで□まいあまるよ。

5 103このたまごを8こずつパックにつめると、
□□パックできて□こあまるよ。

6 46このボールを3こずつ箱に入れていくと、□□箱できて□こあまるよ。

よこのかぎ

7 32このビー玉を3こずつふくろづめすると、□□ふくろで□こあまるよ。

8 101さつのノートを2人で分けると、
1人あたり□□さつで□さつあまるよ。

9 46このボールを4こずつ箱に入れていくと、□□箱で□こあまるよ。

10 23本のペンを6本ずつたばねると、□たばで□本あまるよ。

11 71まいのおり紙を9人で分けると、1人あたり□まいで□まいあまるよ。

12 69このチョコレートを10こずつ箱につめると、□箱で□こあまるよ。

東大生からひとこと
昔は「八算」といって割り算を九九のように暗記していたこともあったよ。
「三一三十一」（さんいちさんじゅうのいち）という風に覚えたよ。

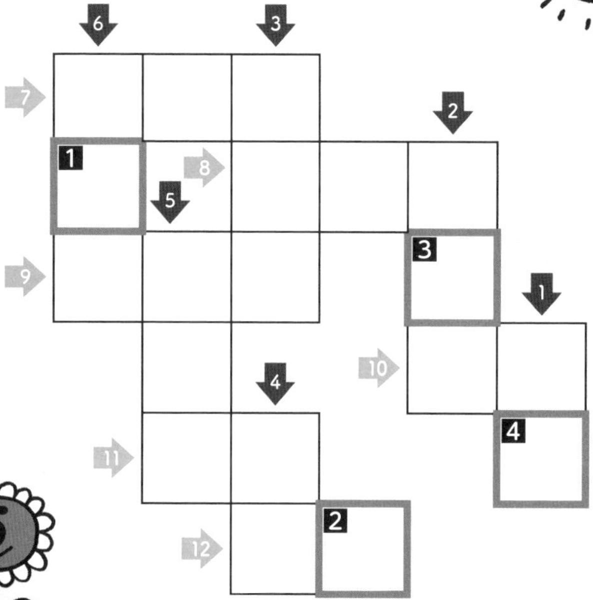

ヒント

3＝さん　　5＝ご　　2＝に

9＝く　　4＝よん　　6＝ろう

おつかれ様（さま）、1 2 3 4 ！

37 小数と分数

3年生 算数

かぎのクイズを読んで、答えをマスに書こう。すべて数字で書いてね。【れい】3分の1→[3|1]、8.8m→[8|8]

たてのかぎ

1. だんボール1箱のみかんが4800g。これは□．□kgだね。
2. A駅とB駅の駅間は250m。これは□．□□km。
3. 子どものキリンの首の長さが140cm。これは□．□m。
4. こしから、かかとまでの長さをはかると0.62mだったよ。これは何cm？
5. 11000mLの水を半分に2つのようきに分けたよ。1つのようきには□．□Lだね。1Lは1000mLだよ！
6. 1470cmは□．□□m。

よこのかぎ

7. 11mLのようきに10mL水を入れると、ようきの何分の何がうまっているかな？
8. 一週間のうち、平日は何分の何？
9. 1Lのジュースのうち、$\frac{1}{5}$L飲んだよ。のこり何分の何L？
10. $\frac{3}{5}+\frac{3}{5}$は何分の何？
11. 0.5は分数で表すと何分の何？
12. 360°に対して、90°は何分の何？

東大生からひとこと
鉄道には路面電車、新幹線、地下鉄といろいろあるよね！　地下鉄だと東京メトロ丸の内線「新宿駅〜新宿三丁目駅」間が約0.3kmと短いよ。

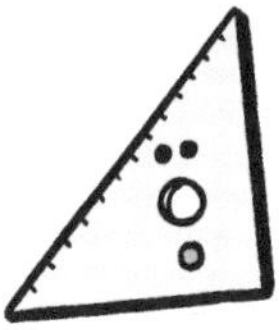

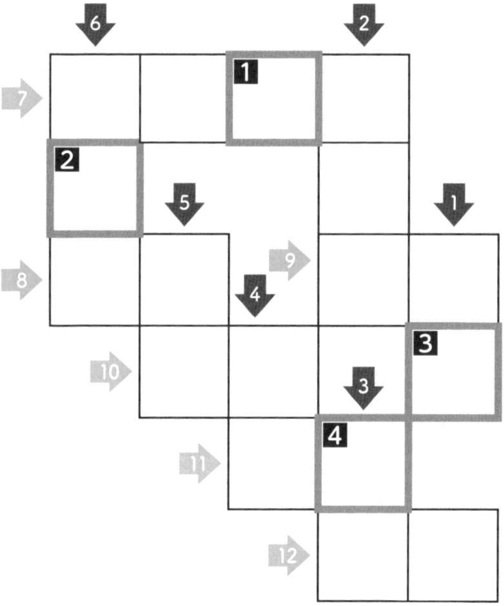

ヒント

4＝し　3＝さ　1＝い

8＝や　7＝な　2＝に

1 2 3 き 4 もって、おいしいよね！

38 重さの計算

3年生
算数

かぎのクイズを読んで、答えの数をマスに書こう。すべて数字で書いてね。1000g＝1kg、1000kg＝1tだよ。

たてのかぎ

1. 70gの水に6gのしおを入れると合計で何g？
2. 41mgの薬が15ふくろあると、合計で何mg？
3. 500gの水に47gのさとうをとかすと合計何gになるかな？
4. 181gのチョコレートを4つ集めると合計何g？
5. 1kgのしおのうち、何g使うと149gになるかな？
6. 400gのコップの中に129gのお茶を入れると、合計で何g？

よこのかぎ

7. 5kgの米を350gのふくろに入れると、合計で何g？
8. 12000gは何kg？
9. 10kgの米ぶくろから1人分で124gのお米を食べました。のこりは何gかな？
10. 1tのトラックに750kgの荷物をのせると、合計で何kg？
11. 小麦粉を、ふくろごとはかったら600gで、使い終わったあとはかると193gでした。何g使ったかな？
12. 10gのようきに59gのすなを入れると合計で何g？

東大生からひとこと
江戸時代、日本では東日本が金、西日本が銀とお金が分かれていたんだ。金は数だけど、銀は重さがお金の価値となっていたんだ。

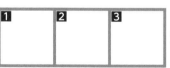

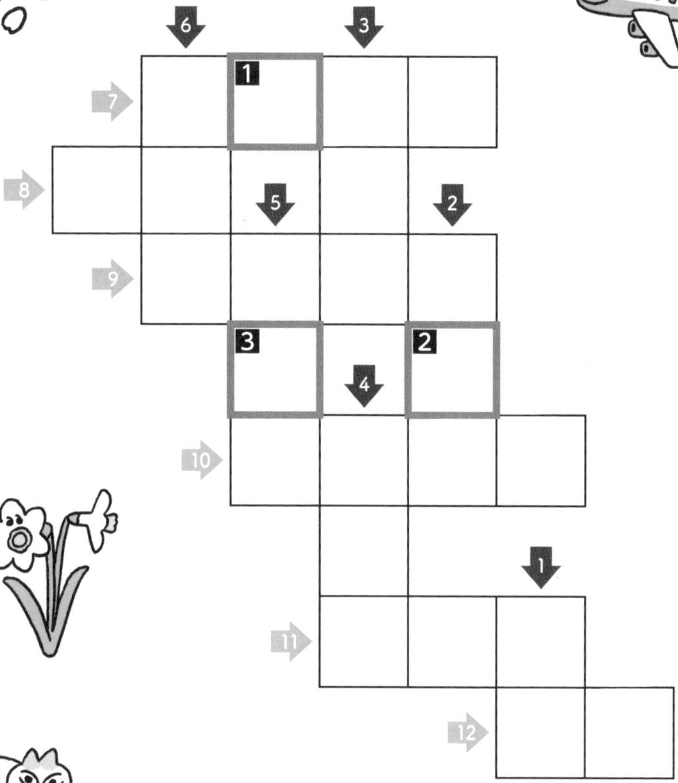

ヒント

5＝こう　　3＝さ　　1＝い

2＝にい　　8＝は　　7＝な

この問題（もんだい）、とけたら 1 2 3 だね！

39 円と三角形

3年生 算数

かぎのクイズを読んで、答えをマスに書こう。すべてひらがなで書いてね。

たてのかぎ

1. ２つの辺の長さが等しい三角形のことをなんという？
2. １つの頂点から出ている２つの辺が作る形をなんという？
3. 二等辺三角形や正三角形を作ることができる、おり紙にもさい用されている形はなに？
4. 円を書くときに使う道具の名前はなに？

よこのかぎ

5. ２つの辺がつながっている点のことを「□□□てん」というよ。
6. 円の中心から、円のまわりまで引いた直線をなんという？
7. 円は、半径のなにが等しいことを利用して二等辺三角形を書くことができるかな？
8. 三角定規で、一番大きい角のことをなんという？
9. ３つの辺がすべて等しい三角形のことをなんという？

東大生からひとこと
測定器という、建物や木の高さをはかる道具があるよ！　実はこれは直角三角形のしくみを使うことで、高さがはかれるようになっているんだ！

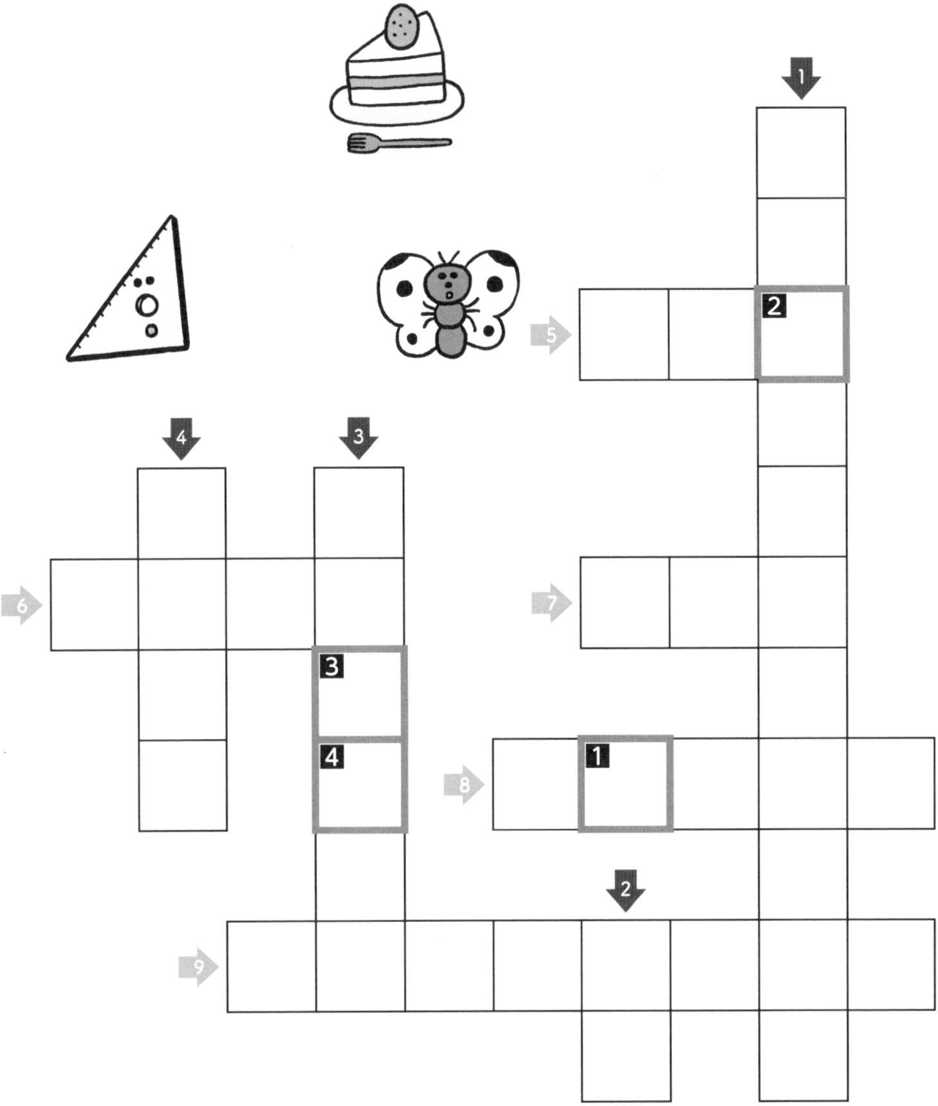

ち [1][2][3][4] 形（けい）から、二等辺三角形（にとうへんさんかくけい）を作（つく）ってみよう！

40 住んでいるまち

3年生
社会

かぎのクイズを読んで、答えをマスに書こう。

たてのかぎ

1 東・西・南・北・北東・南東・南西・北西のこれら８つを合わせて、なんという？

2 公立学校や公民館、公共図書館などの施設のことを、まとめてなんという？

3 どの方角が北か調べるのに使うものを、なんという？

4 通りなどに店が多くあつまっているところを、なんという？

5 地図を見るときに目じるしとなる、水が流れている地形のことを、なんという？

よこのかぎ

6 目じるしや道の様子を絵でかいた地図のことを、なんという？

7 人や物が行き来することを、なんという？

8 飛行機が離着陸するところを、なんという？

9 人びとのくらしにかかわる仕事を行う、それぞれの市にある場所を、なんという？

10 海と陸の境界線を、なんという？

東大生からひとこと
一説によると、福岡県の名前の由来は、岡山県の福岡というところからきているんだって！　みんなは自分の住んでいるまちの名前の由来や意味を知ってる？

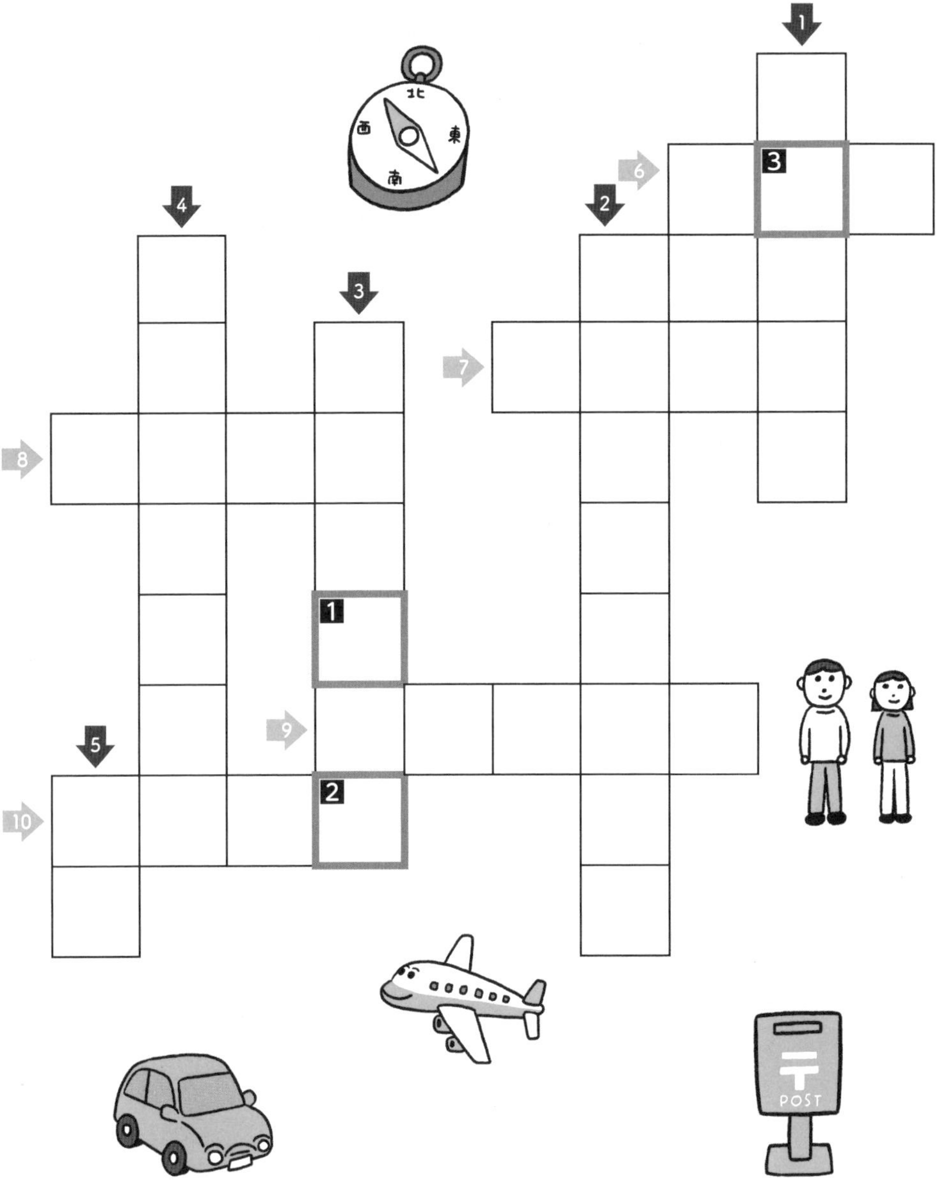

1 □ ぶ 2 □ のま 3 □ を歩いてみよう！

41 店ではたらく

3年生 社会

かぎのクイズを読んで、答えをマスに書こう。
すべてひらがなで書いてね。

たてのかぎ

1. 品物が作られた土地のことを、なんという？
2. 品物の「しつ」のことを、なんという？
3. 産地や商品名が書かれている、商品をこんぽうするのに使う箱はなに？
4. スーパーマーケットよりも小さい店ではあるけど、取りあつかう商品がとても多いのはなんというお店かな？
5. 地下にある、店が多く集まった場所のことを、なんという？

よこのかぎ

6. 品物を売るだけでなく、地域の役に立つことを、なんという？
7. 食べ物を一番おいしく食べられる時期のことを、なんという？
8. とあるしゅるいの商品に特化した店のことを、なんという？
9. 店が取り組んでいる工夫や努力を、なんという？
10. 商品の販売などでえた代金を、なんという？

東大生からひとこと みんなの働きたいお店は何かな？ 医者なら「医師免許」、先生なら「教員免許」が必要だよ。自分のなりたい職業にどんな資格が必要か調べてみよう！

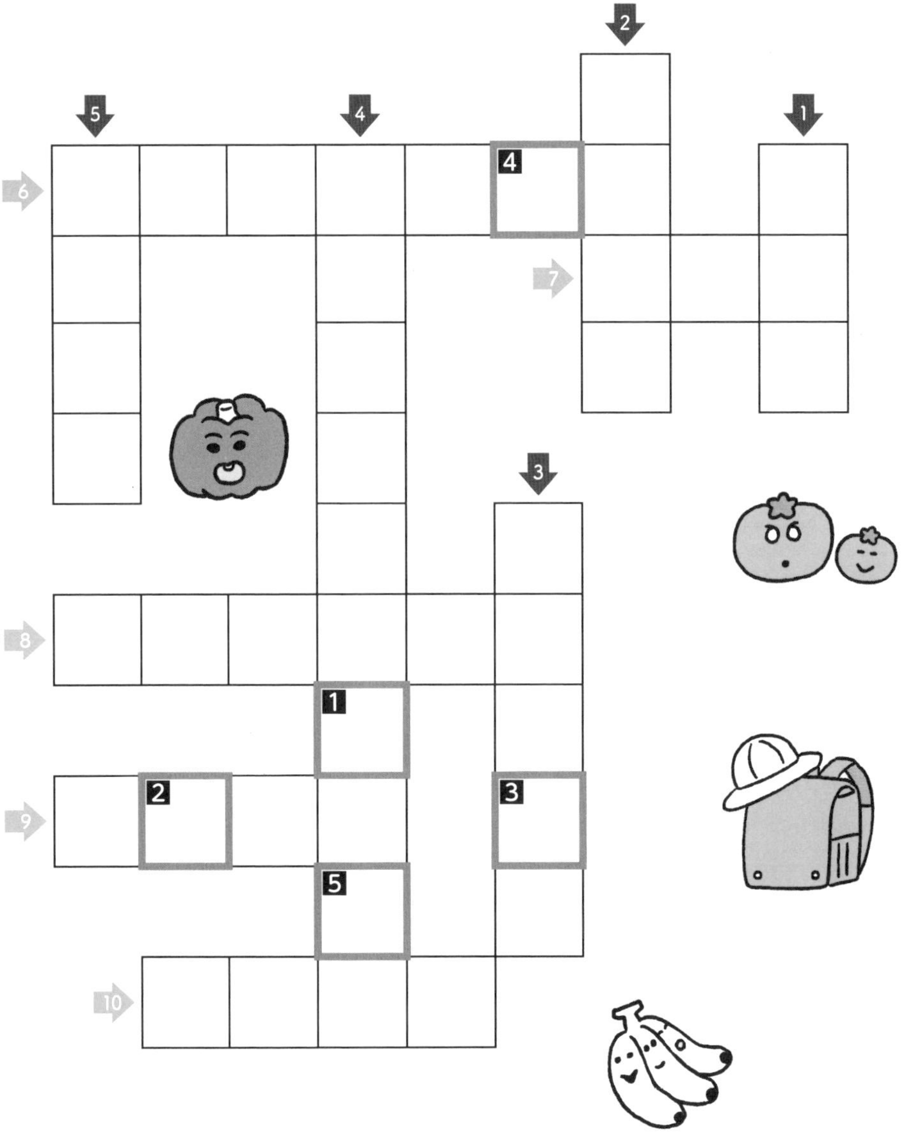

1 2 ぱ 3 まー 4 っ 5 に行（い）ってみよう！

42 安全なくらしを守る

3年生
社会

かぎのクイズを読んで、答えをマスに書こう。マスに書いてある文字がヒントだよ！

たてのかぎ

1. さいがいをさけることができる場所のことを、なんという？
2. はんざいが起こるのを、あらかじめふせぐことを、なんという？
3. 火を消すのに使う水をためておくために使うしせつのことを、なんという？
4. 119番や110番に通報すると、まずどこにつながるかな？
5. さいがいのときに消防しょと協力する地域の人で作る団体を、なんという？

よこのかぎ

6. 火を消すのに使う水を水道管からとるためのせつびを、なんという？
7. けいさつかんがはたらく、けいさつしょではない場所はなに？
8. 守らなくてはいけない決まりとはなに？
9. 消火や救急などを行うきかんのことを、なんという？
10. 防火をよびかけるフレーズで、もっとも有名なものはなに？

東大生からひとこと
110番や119番という番号は、電話がダイヤル式だった時代から変わらないよ。ほかにも、3けたでつながる番号を、本やインターネットで調べてみよう。

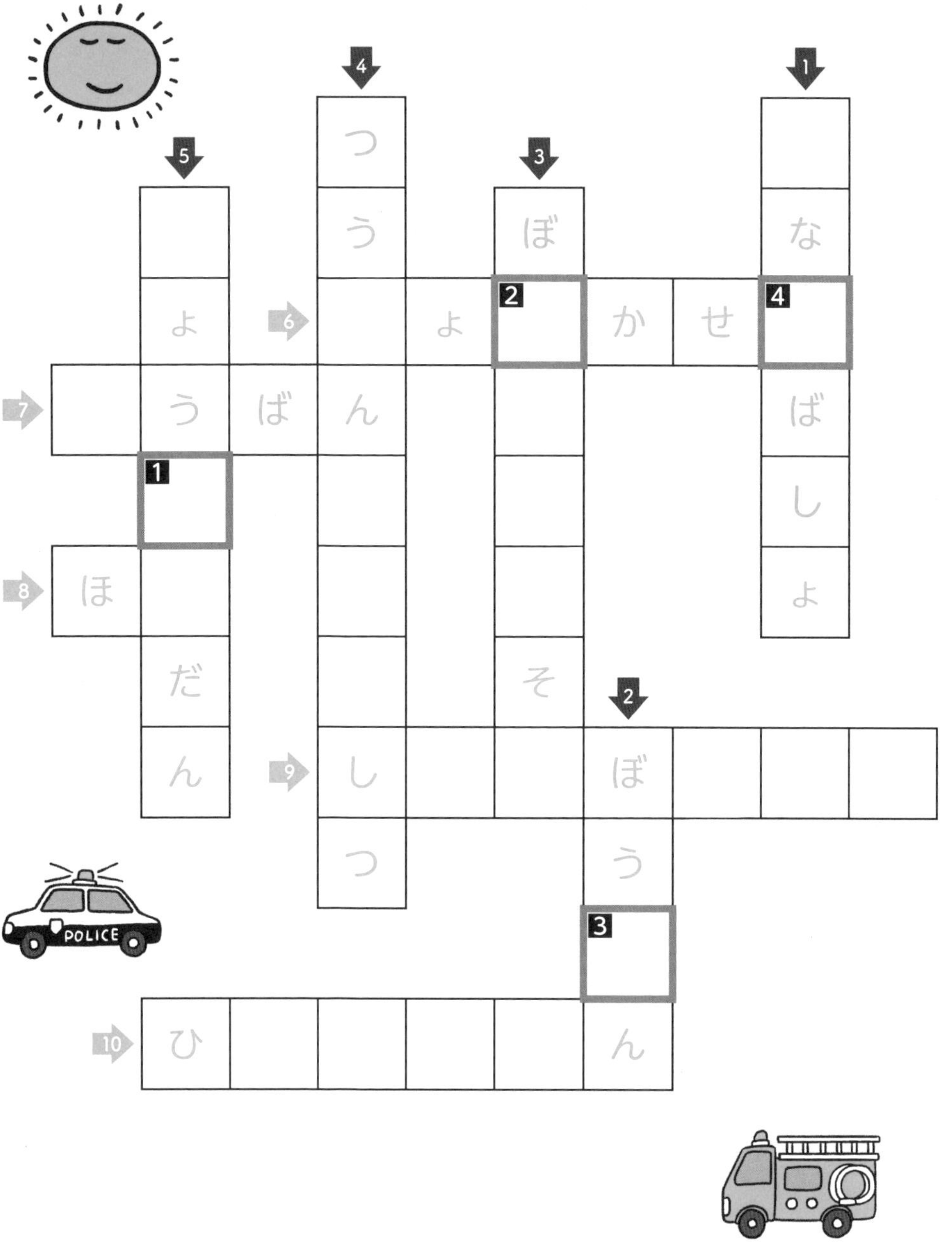

1	2	3	4

マップを見てみよう！

COLUMN 3

英語の成績を上げるには、どうしたらいいの？

英語の勉強って、どこから始めればいいのでしょうか？　まず、英語というのは日常生活にありふれています。日本という国は、英語圏でもないのにたくさんのカタカナ語が使われていて、ほかの国では考えられないほど英語を使っているのです。「ランチ」を食べて、おやつに「ジュース」を飲んで、「ペデストリアン・デッキ」みたいな建物の名前があって……。

小中高の英語で覚える必要がある単語の数は2000語～3000語と言われていますが、その中でも「ちょっと聞いたことがあるかも」というような英単語であれば1000語ほどあります。半分くらいは、英語というより日本語なんです。

日本でもよく立ち入り禁止区域には「keep out」と書かれていますが、これは「入ってはいけない」という意味の英熟語です。「チルド野菜」を買って食べている人も多いと思いますが、chillとは「冷やす」という意味の英単語だから、「チルド食品（chilled food）＝冷やされた食品＝冷凍食品・低温管理の食品」のことを指します。「ステンレス製」なんて言いますが、stain

とはよごれのことを指します。だからstainlessとは「よごれ（stain）」が「ない（less）」という意味になります。「サラウンドスピーカー」を買って、部屋で音楽をきいている人もいると思いますが、これは「surround＝かこむ」という意味の英単語から来ています。部屋を取りかこむようなスピーカーということです。

このように、**実は日本人はふだんから英語を使いまくっているのです**。それを意識し始めるようになると、英語がつくえの上でガリガリと勉強しているだけのものではなく、また単語帳などの参考書を読んで学んでいるだけのものではなく、ふだんからせっしているものとして、ふくらみをもつようになり、成績が上がりやすくなるのです。**英語をどこかちがう国の言葉だと思うのではなく、ぼくたちも普段使っているものだと思っていると、英語に対する「から」がやぶりやすくなる**のです。こうやって身のまわりの英語を意識するようになると、英語の勉強がよりできるようになります。

43 地図記号

3年生
社会

それぞれ、なにを表す地図記号かな？　答えをマスに書こう。

たてのかぎ

1 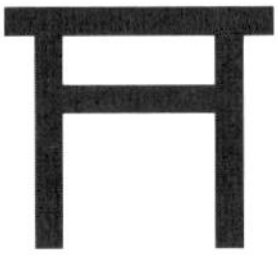

2 

□□□□□□など

3 

4 

5 

小・中□□□□

よこのかぎ

6 

7 

8 

9 

□□□□□□や美術館など

10 

東大生からひとこと

税務署では、昔そろばんを使っていたんだ。だから、税務署の地図記号はそろばんだよ。

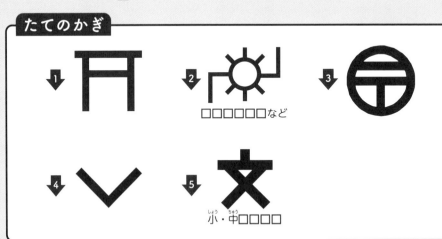

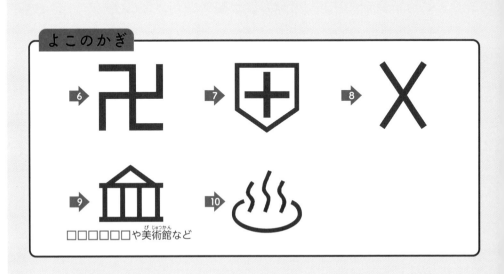

「◎」は [1] や [2][1][3] などの地図記号だよ！

44 昔の道具とくらし

3年生
社会

かぎのクイズを読んで、答えをマスに書こう。

たてのかぎ

1. だるまの形をした、石炭などをもやして使うストーブのことを、なんという？
2. せんたくをするときに使う、たくさんの「みぞ」がついた板のことを、なんという？
3. だんぼうや料理のために使う、炭を入れて使う器具を、なんという？
4. すべての人々のためにたてられた建物を、なんという？
5. 水や氷を入れるふくろのことを、なんという？

よこのかぎ

6. 地域に住む人の数を、なんという？
7. あおいで風を起こす道具で、おりたたみができるものを、なんという？
8. ぬのをぬうときに使う、足でペダルをふむことによって動かす道具を、なんという？
9. 火を起こすときに使う、火打金に打ち合わせて火花を生み出す石の名前は？
10. 土などを海中に大量につみ上げることで新しく作った土地のことを、なんという？

東大生からひとこと
今の携帯電話はスマートフォンでとても軽いし便利だけど、携帯電話が発明された最初のころは3kgの箱を肩にかける大きいものだったんだ。

は 1 ぶ 2 か 3 に行ってみよう！

45 植物の育ちかた

3年生
理科

かぎのクイズを読んで、答えをマスに書こう。

たてのかぎ

1 ポテトフライに使われ、芽にどくがある。「くき」を食べる野菜はなに？

2 白くて長く、すりおろして食べることもある。
主に「根」を食べる野菜はなに？

3 モンシロチョウの幼虫がこのんで食べる、
薬にもなる、主に「葉」を食べる野菜はなに？

4 植物が育つと、色とりどりの□□がさくよ。

5 切るとなみだが出る、主に「葉」を食べている野菜はなに？

よこのかぎ

6 納豆や豆腐の原料となる、「種子」を食べる植物はなに？

7 なべやキムチに使われる、主に「葉」を食べる野菜はなに？

8 赤やオレンジ色で細長く、主に「根」を食べる野菜はなに？

9 植物を育てるには、まずさいしょに何をしなければならないかな？

10 色がむらさき色の、主に「根」を食べる、
焼きいものざいりょうはなに？

東大生からひとこと
なんと世界一背の高いひまわりは9m以上もあるんだ！　ちなみに、世界一重い大根は約45kgだよ。

1	2	3	4

は、たねを食べているよ！

46 こん虫の育ちかた

3年生
理科

かぎのクイズを読んで、答えをマスに書こう。

たてのかぎ

1. 「さなぎ」の前のすがたのことを、なんという？
2. チョウならみつをすうため、バッタなら草を切るためと、形が虫ごとにちがう体の一部はなに？　右の図のⒶの部分だよ。
3. 幼虫が、さなぎにならないで成虫になることを、なんという？
4. 生糸を生み出す虫はなに？
5. カイコガの「まゆ」から糸を作ることを「製糸」というよ。「製糸」はなんと読む？

よこのかぎ

6. 体が、頭、むね、はらに分かれていて、むねから足が6本生えている虫を、なんという？
7. 虫が、まわりの様子を知るために用いる、頭から2本生えているものはなに？　右の図のⒷの部分だよ。
8. こん虫のはらは、いくつかの□□に分かれているよ。
9. こん虫の最終形態で、羽が生えたりしているじょうたいのことを、なんという？
10. こん虫のなかで、さなぎになる虫を、なんという？

東大生からひとこと
アサギマダラというチョウは、2000kmのきょりを飛ぶんだ。わたり鳥のように長いきょりを移動するんだよ。

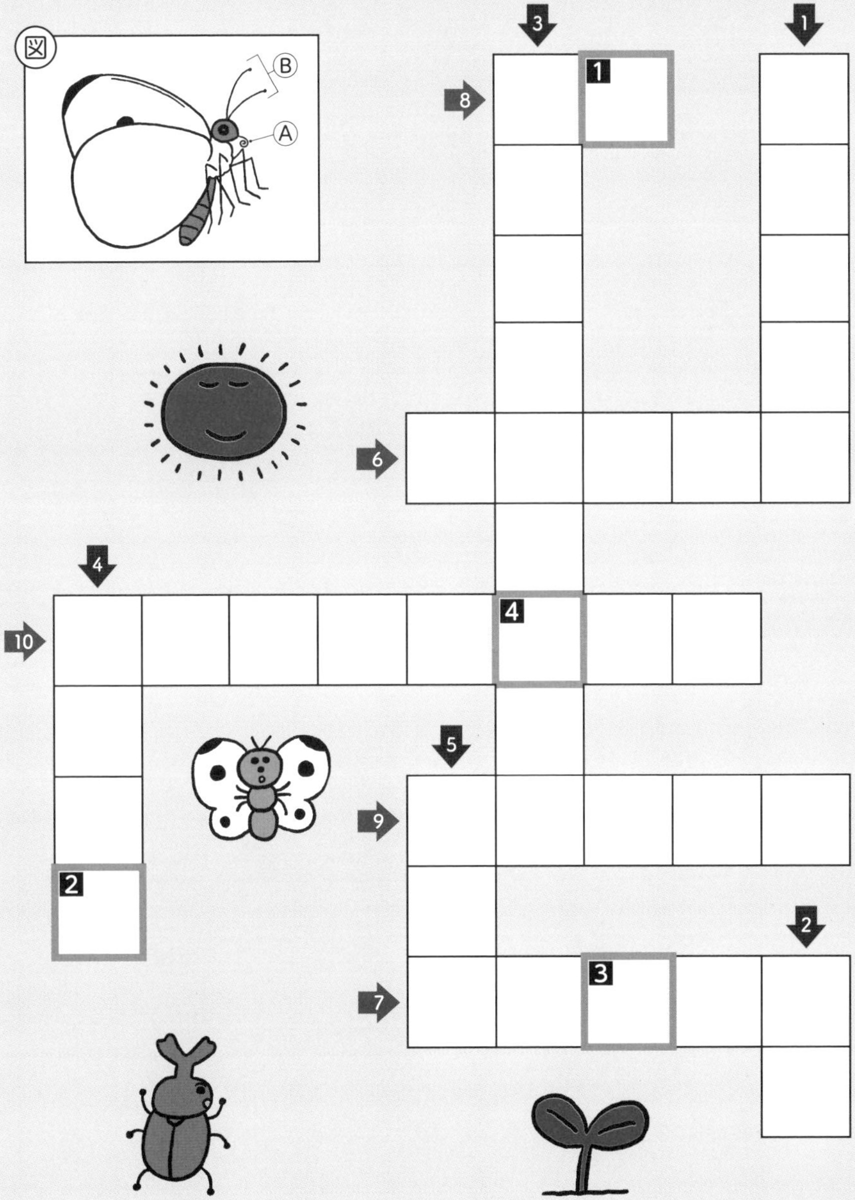

あ 1 2 ろ 3 ぽ 4 より多い虫をあげてみよう！

47 電気の通り道

3年生
理科

かぎのクイズを読んで、答えをマスに書こう。

たてのかぎ

1 豆電球をはめこむ、導線とつなぎやすくするためのきざいを、なんという？　右の図のⒶの部分だよ。

2 本とくぎ、電気を通すものはどっち？

3 乾電池の出っぱっているほうのはしで、「＋」と書かれているものを、なんという？

4 電気を通すことで光るものを、電気の球と書いてなんと読む？

5 どう・ゴム・紙のなかで、電気を通すものはどれ？

6 輪になっている電気の通り道を、なんという？

よこのかぎ

7 電球の中にある、電気を流すことで光る細長い金属の線のことを、なんという？　右の図のⒷの部分だよ。

8 電気を通す、鉄やアルミニウムのことを、なんという？

9 乾電池の平らになっているほうのはしで、「－」と書かれているものをなんと読む？

10 電気を通す線のことを、なんという？

東大生からひとこと
電線に止まっている鳥は、なんで感電しないのかな？　それは同じ電線に足をつけているからなんだよ！

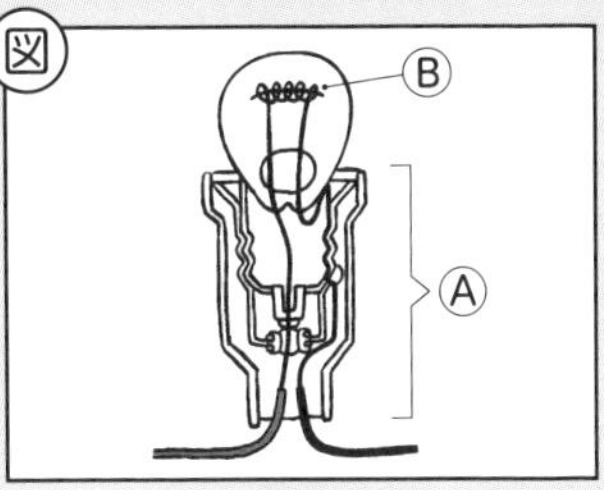

ぷ 1 2 ち 3 4 は、電気（でんき）を通（とお）すかな？

48 磁石のふしぎ

3年生 理科

かぎのクイズを読んで、答えをマスに書こう。

たてのかぎ

1. 磁石のS極は地球のどこのほうを向く？
2. 世界で、もっとも強い磁石はなに？
3. 磁石のN極は地球のどこのほうを向く？
4. 鉄の空きかんは磁石に引きつけられる？　引きつけられない？
5. 地球は大きな磁石だよ。
そうすると地球の南極は、磁石の何極になる？

よこのかぎ

6. 方角を調べるのに使う、磁石を使った道具の名前は？
7. 磁石のはしのほうは、鉄を強く引きつけるよ。この部分をなんという？
8. 磁石を近づけたくぎはなにになる？
9. 地球は大きな磁石だよ。
そうすると地球の北極は磁石の何極になる？
10. クリップ、チョーク、えんぴつのなかで、
磁石に引きつけられるものはどれ？

東大生からひとこと

ネオジム磁石は世界で最も強い磁石だよ！　日本人の佐川眞人さんによって開発されたんだ。

磁石を［1］［2］の中に入れると、砂鉄が取れるよ！

49 地面の様子と太陽

3年生 理科

かぎのクイズを読んで、答えをマスに書こう。

たてのかぎ

1. 太陽がもっとも高い位置に来るのはどの方角？
2. 日かげはさむいけれど、ひなたはどうかな？
3. 太陽がのぼってくる方角はどこ？
4. 日の光を、なんという？

よこのかぎ

5. 日に照らされている場所を、なんという？
6. 光を反射することができるものを、なんという？
7. かげを利用して時間を調べる時計を、なんという？
8. 太陽がしずむ方角はどこ？
9. 目をいためてしまうから、太陽をちょくせつ見てはいけないよ。太陽を見るときに使う、太陽の光をさえぎる道具を、なんという？

東大生からひとこと
日食とは太陽と地球の間に月が入ることで、太陽の光がさえぎられることだよ。次に日本で観測できる皆既日食は2035年だ！

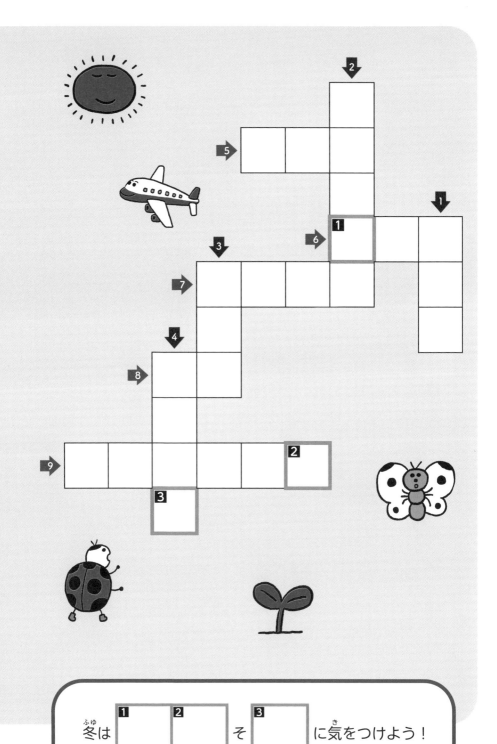

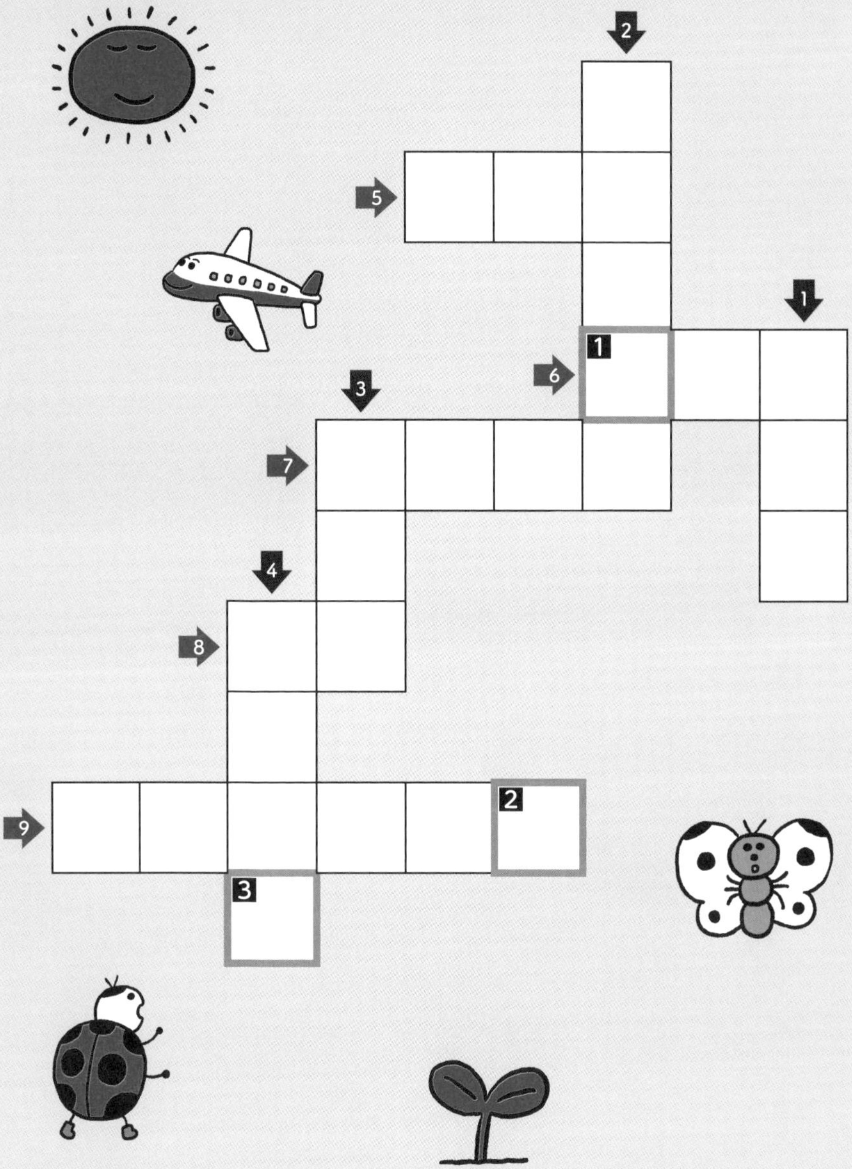

冬(ふゆ)は［1］［2］そ［3］に気(き)をつけよう！

50 3年生ミックス問題

3年生 国語・算数・社会・理科

かぎのクイズを読んで、答えをマスに書こう。

たてのかぎ

1. 主に米ぶくろの重さや、体重などに使う重さのたんいはなに？
2. 北や南を調べるのに使う磁石のことを□□□磁石というよ。□□□に入る言葉を書いてね。
3. 安・守・客　共通する部首は？
4. 弟子が師匠よりすぐれていることを、なんという？
5. さなぎにならずに成虫になる虫のことを、なんという？

よこのかぎ

6. せんたくと脱水が別べつになっているせんたくきのことを、なんという？
7. 事件や事故、火事を見かけたら、まずさいしょになにをすればいい？
8. このマークはなにを表すかな？ 
9. 「Hechima」の読みかたを、ひらがなで書いてね。
10. 3つの辺の長さがすべて等しい三角形を、なんという？

東大生からひとこと みんなはとても強い磁石を水に近づけたことはあるかな？　実は水は磁石に反発するんだ！

こ［1］で［2］［3］ぺ［4］だね！

51 都道府県①

チャレンジ　かぎのクイズを読んで、都道府県の名前をマスに書こう。

たてのかぎ

1. 甲子園球場で有名なのはどこ？
2. 富士山があり、ブドウの産地として有名なのはどこ？
3. あべのハルカスや道頓堀で有名なのはどこ？

よこのかぎ

4. 日本で面積が一番広く、雪まつりが行われているのはどこ？
5. きび団子やマスカットが有名なのはどこ？
6. 赤べこや会津若松城が有名なのはどこ？
7. 軽井沢があり、リンゴが有名なのはどこ？

東大生からひとこと　琵琶湖は世界で３番目に古い湖で、昔から現代に至るまで、ちょっとずつ移動してきたんだ！

1	2	3	4

の約（やく）6分（ぶん）の1は琵琶湖（びわこ）だよ！

52 都道府県②

チャレンジ　かぎのクイズを読んで、都道府県の名前をマスに書こう。

たてのかぎ

1 四万十川が通っていて、カツオのたたきが有名なのはどこ？

2 みかんやうめの生産地で、飛び地を持っているのはどこ？

3 古い神社やお寺が多く、天橋立があるのはどこ？

4 由布院や別府など、温泉が有名なのはどこ？

5 桜島がある、サツマイモの生産で有名なのはどこ？

よこのかぎ

6 県庁所在地は横浜市で、鎌倉の大仏があるのはどこ？

7 富士山があり、お茶が有名なのはどこ？

8 納豆が有名なのはどこ？

9 日本の首都があるのはどこ？

10 恐竜の化石が発掘され、めがねが有名なのはどこ？

東大生からひとこと

鹿児島県には「種子島」という島があるよ！　種子島は外国から鉄砲が伝わった場所として有名で、今ではロケットの打ち上げ場所があるよ。

大阪府に行って **1** **2** **3** **4** を食べよう！

53 都道府県③

チャレンジ　かぎのクイズを読んで、名産品の名前をマスに書こう。

たてのかぎ

1. 宮城県を中心とした東北地方の甘味で、もちのまわりにすりつぶした枝豆をつけたものはなに？
2. 島根県の名産品で、宍道湖でとれる貝といえばなに？
3. 広島県の名産品である、とある木の葉の形のまんじゅうはなに？
4. 栃木県や静岡県、宮崎県などで有名な料理といえばなに？
5. 香川県の名産品である、小麦を使っためんはなに？

よこのかぎ

6. 鹿児島県で多く栽培され、やきいものそざいになる野菜は？
7. 鹿児島県のある島で栽培されている形がとくちょうてきな野菜は？
8. 北海道などで主に栽培されている、男爵やメークインが有名な野菜は？
9. 宮城県の名産品である、牛のとある部位のことをなんという？
10. 和歌山県の名産品である、ある果物をつけものにしたものはなに？

東大生からひとこと　香川県に行きたいのに「香川駅に行きたい」と言ってはいけないよ！　香川駅は、香川県にはないんだ！　神奈川県にあるよ。

1 2 のな 3 えを、思(おも)いつくだけ、あげてみよう！

54 世界の国々①

チャレンジ　クイズを読んで、国の名前をマスに書こう。

たてのかぎ

1 この国の首都は「東京」だよ。
「サクラ」や「すし」が有名なんだ。どこの国かな？

2 この国の首都は「キャンベラ」だよ。
「コアラ」や、大きな岩「ウルル（エアーズロック）」が有名なんだ。どこの国かな？

3 この国の首都は「シンガポール」だよ。
「マーライオン」などが有名なんだ。どこの国かな？

4 この国の首都は「ダブリン」だよ。
「アイリッシュシチュー」や「アイリッシュダンス」が有名なんだ。どこの国かな？

よこのかぎ

5 この国の首都は「ロンドン」だよ。2階建ての「ロンドンバス」や「ビッグ・ベン」という時計台が有名なんだ。どこの国かな？

6 この国の首都は「ビリニュス」だよ。
「こはく」という宝石の名産地なんだ。どこの国かな？

7 この国の首都は「ジャカルタ」だよ。たくさんの島々が集まった国で、きれいなビーチのある「バリ島」が有名。どこの国かな？

8 この国の首都は「ワルシャワ」だよ。
「ライ麦」の名産地なんだ。どこの国かな？

東大生からひとこと　イギリスは正式名称を「グレートブリテン及び北アイルランド連合王国」というよ！　世界にはほかにも長い名前の国があるよ。

「Thank you.」「謝謝（しぇいしぇい）」は「1 2 3 4 う」という意味（いみ）だよ！

55 世界の国々②

チャレンジ　クイズを読んで、国の名前をマスに書こう。

たてのかぎ

1 この国の首都は「リマ」だよ。「ナスカの地上絵」や「マチュピチュ」という古代遺跡が有名なんだ。どこの国かな？

2 この国の首都は「ベルン」だよ。『アルプスの少女ハイジ』の舞台となった国なんだ。どこの国かな？

3 この国の首都は「プノンペン」だよ。「アンコール・ワット」という遺跡が有名なんだ。どこの国かな？

4 この国の首都は「マニラ」だよ。「バナナ」の名産地で、「セブ島」というリゾート地が有名なんだ。どこの国かな？

5 この国の首都は「メキシコシティ」だよ。「タコス」という食べ物や、「サボテン」が有名なんだ。どこの国かな？

6 この国の首都は「ローマ」だよ。かたむいた建物「ピサの斜塔」や、「パスタ」「ピザ」が有名。どこの国かな？

よこのかぎ

7 この国の首都は「パリ」だよ。「エッフェル塔」や「エスカルゴ（かたつむり）料理」が有名なんだ。どこの国かな？

8 この国の首都は「マドリード」だよ。「サグラダ・ファミリア」という教会や、「闘牛」「パエリア」が有名。どこの国かな？

9 この国の首都は「ニューデリー」だよ。世界遺産「タージ・マハル」や、「カレー」「ゾウのタクシー」が有名。どこの国かな？

10 この国の首都は「ワシントンD.C.」だよ。銅像「自由の女神」や「グランドキャニオン国立公園」があるよ。どこの国かな？

東大生からひとこと　イタリアの中に世界で1番小さい国があるよ！　名前は「バチカン市国」。大体東京ディズニーランドと同じくらいの大きさだよ。

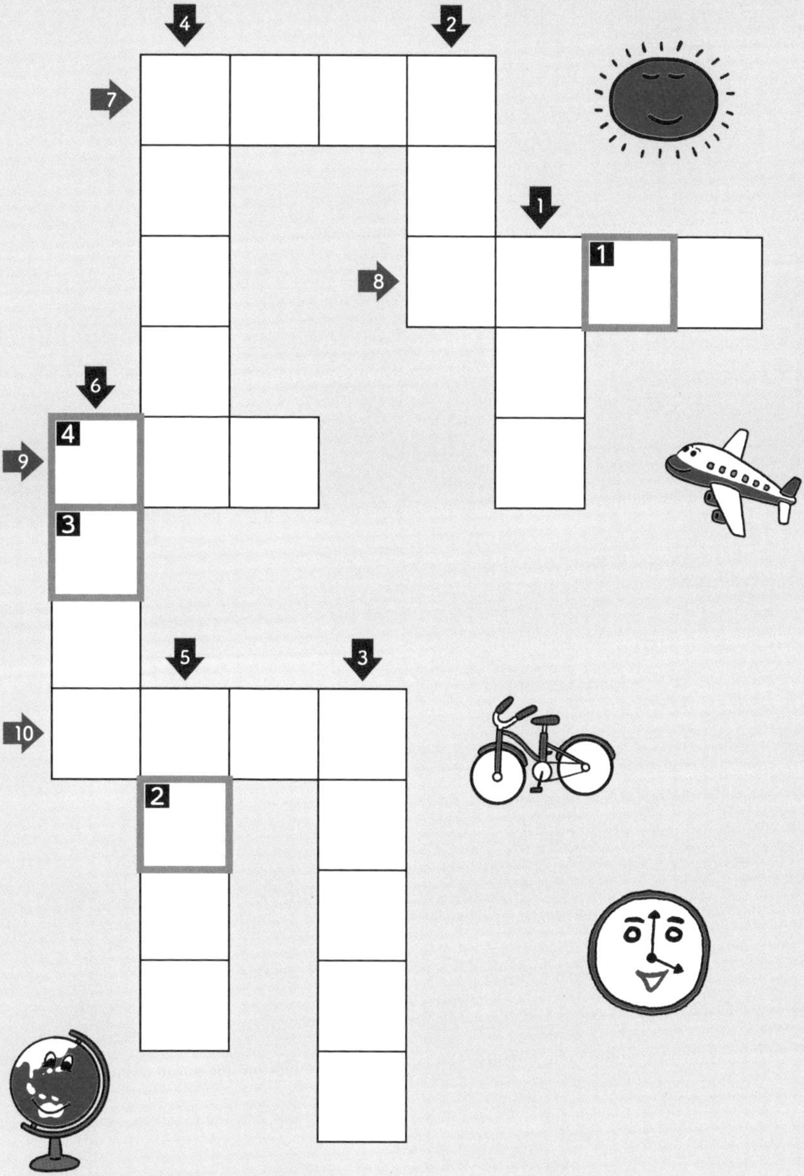

きみが | 1 | 2 | 3 | 4 | 国（くに）はどこかな？

COLUMN 4

社会の成績を上げるには、どうしたらいいの？

社会でおすすめなのは、一度、全体をざっと流し読みしてみることです。後から復習することを前提にして、深く覚えようとしなくていいです。むしろ逆に、「後から忘れてもいいや」の精神で、浅くやっていきましょう。「え？　そんなんでいいの？」と思うかもしれませんが、社会はそれでいいんです。なぜなら、「流れ」をつかむほうが大切だからです。

すべての物事は全体の中の一部でしかありません。たとえば「弟が人前でプレゼンした」というイベントがあったとして、それは普通にただのイベントです。でも、「人前で話すのが得意じゃない、緊張しまくりの弟が、なんと、人前で話すことができた」という話になれば、「ああ、すごいイベントだったんだな」となるはずです。つまり、**前後の流れによって、そのイベントはカラーを変えるんです。**

歴史の中に「元寇」というイベントがありますが、その元寇は何年にあったのか、などはいったん、覚えなくてもよいです。むしろ、その前の時代に何があって、その後の世界にどんなえいきょうを与えたのか？　歴史の中で元寇によって発生したこともあれば、元寇の原因になったこともある。そんな風に、**「流れ」の中に「出来事＝イベント」がある、ということを意識しましょう。**これは、理科でも社会でも、どの科目でも言えることなのです。

もっと言うなら、元寇だけを勉強していても元寇のことは、わかりません。だからこそ**大切なのは、流し読みをして、全体的な印象をとらえること**です！「全体を大ざっぱにつかむ」ということをしてください！

そのためには、べつに、細かいことは一回わすれてしまったっていいのです。人の名前も、それが発生した年号も、イベントの名前を、別に一回わすれてしまっても大丈夫。あとから復習するときに覚えられればいいのです！

COLUMN 5

理科の成績を上げるには、どうしたらいいの？

理科を勉強する際に気をつけるべきは**「その現象を実際に想像してみること」**です。理科の勉強がつまらなくなる要因の一つに「自分と関係がなさそうだから」というものがあります。本当は自分にものすごく身近なところで役に立っているようなものだとしても、見た目の難しさからなんとなく遠ざけてしまう。気持ちはわかりますが、これって、とてももったいないことです。

ですから、理科を勉強する際には**「その現象はどんなところで起きているんだろう」「どういう反応が起きるんだろう」というように想像してみることが大事です。**もちろん、想像でなくとも、実際に体験してみることもよいでしょう。

たとえば、「ダイラタンシー現象」という現象を知ったのなら、水溶き片栗粉で簡単に実験することができます。片栗粉の中で手をにぎるとその部分だけが固体になり、手をはなすと液体にもどることで、「圧力をかけられた液体が部分的に固体になる現象」を実際に体験しながら学習することができます。

もしくは、学校や塾、**博物館や科学館などがやっている理科の実験イベントに参加する**のもいいかもしれません。これらの機関では、夏休みや冬休みなどに時折「親子で学ぶ理科の実験イベント」などと題して、参加型の実験を行える場合があります。こうしたイベントであれば、普段はできないような大がかりかつ危険をともなうかもしれない実験でも参加できますし、何より刺激的な経験になりますから、学習効果を見てもよいものがあります。

本の中だけでは理科は完結しません。**理科という科目の真の魅力は、それらを使って人類がどのように発展してきたか、どのような形で使われているかという部分にこそあります。**これを知らずに教科書だけを読みこまされても、つまらないだけなのは当然です。ですから、ぜひ夏休みなどの時期には理科の楽しいイベントがないか検索してみて、もしあったなら参加してみてください！

答え

1年生

1 ことば① P8

			お	ひ	さ	ま
	と		ん			
	し		が	っ	こ	う
	ょ		く			
	か		し			
え	ん	ぴ	つ			
ん						
そ						
く						

おもしろい まんが を よみたいな！

2 ことば② P10

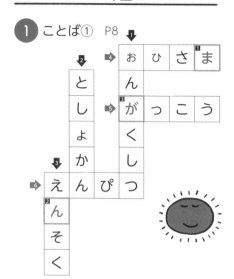

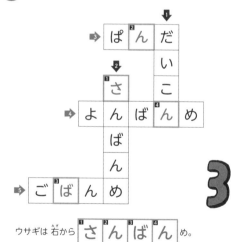

						い
					あ	る
					や	
					ま	
	か	ん	が	え	る	
な	く		ん			
			ば			
	は	し	る			

学校まで ともだちと あるく。

3 1年生で ならう かん字 P12

	も	じ		
	り		い	
	の		ち	
	な	ま	え	
あ	か		ん	
め		ひ	だ	り
			ま	

すきな かんじ を おしえて！

4 なんばんめ P14

			ぱ	ん	だ	
					い	
			さ		こ	
		よ	ん	ば	ん	め
			ば			
			ん			
ご	ば	ん	め			

ウサギは 右から さんばん め。

5 ながさくらべ P16

		↓2		↓1
→3		た	て	
		か		
→4		さ	[1]か	な
				が
→5	[2]み	じ	か	い

きみの [1]か [2]み は ながい？　みじかい？

6 たしざん・ひきざん P18

			↓3		↓2		↓1
					[1]じ		
					ゆ		さ
→4			じ	[2]ゅ	う	よ	[5]ん
			ゅ		[4]さ		
→5	き	ゅ	[3]う		ん		
			い				
→6		は	ち				

7＋6＝ [1]じ [2]ゅ [3]う [4]さ [5]ん

7 大(おお)きい かず P20

		↓4		↓2 ↓3		↓1	
		さ		じ			
		ん		ゅ		ご	
→5		じ	ゅ	う		じ	
→6		ゅ		[1]ご	じ	ゅ	[4]う
		う				う	
		さ		き		な	
→7	よ	ん	[2]じ	[3]ゅ	う	な	な
				う			

55－5＝ [1]ご [2]じ [3]ゅ [4]う

8 なんじなんぷん P22

		↓2		↓1	
→3		[1]さ	ん	じ	
				ゅ	
				う	
→4				ご	じ
				ふ	
→5		ご	ふ	[2]ん	
→6	よ	[3]じ			
		は			
		ん			

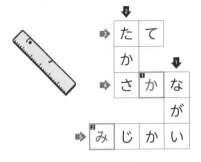

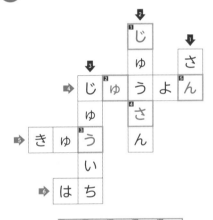

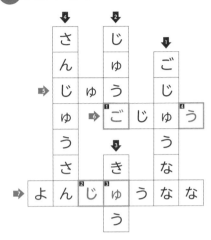

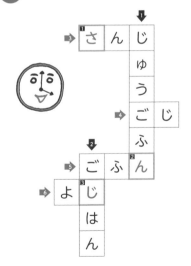

[1]さ [2]ん [3]じ は おやつの じかんだね！

9 学校たんけん P24

ほ	う	き		と
		ょ		け
	こ	う	て	い
		し		
		つ	く	え
			ら	
			す	

すいとう をもって、えん足に いこう！

11 生きもの P28

				て	
か				ん	
も	る	も	っ	と	
				う	
	か	ぶ	と	む	し
	ら			し	
	す	ず	め		

ヘビは かむ から 気をつけよう！

10 しょくぶつ P26

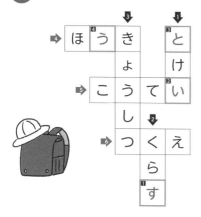

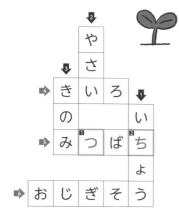

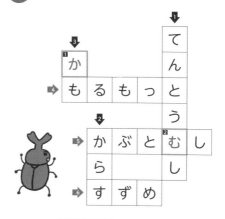

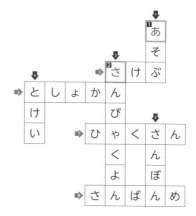

		や		
		さ		
	き	い	ろ	
	の			い
	み	つ	ば	ち
				ょ
お	じ	ぎ	そ	う

つち に たねを まくよ。

12 1年生ミックスもんだい P30

						あ	
						そ	
				さ	け	ぶ	
と	し	ょ	か	ん			
け				び			
い			ひ	ゃ	く	さ	ん
				く		ん	
				よ		ぼ	
			さ	ん	ば	ん	め

あさ の あいさつは「おはよう」だね！

2年生

13 きせつのことば P34

	ろ					
さ	く	ら				
	が			く		
な	つ	ま	つ	り		あ
				す	す	き(2)
ゆ(1)	き	だ	る	ま		
				す	い	か
						き

ゆ き がふるきせつは冬だね！

14 しゅ語とじゅつ語 P36

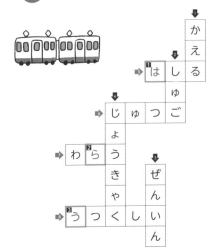

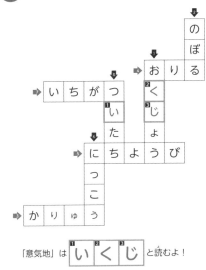

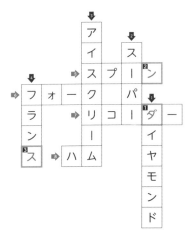

						か
						え
				は(1)	し	る
					ゅ	
		じ	ゅ	つ	ご	
		ょ				
わ	ら(2)	う				
		き		ぜ		
		ゃ		ん		
う(3)	つ	く	し	い		
				ん		

「お金を は ら う 」の□□□はじゅつ語！

15 かん字のいろいろな読みかた P38

								の
								ぼ
						お	り	る
	い	ち	が	つ		く(2)		
				い(1)		じ(3)		
				た		ょ		
			に	ち	よ	う	び	
			っ					
			こ					
か	り	ゅ	う					

「意気地」は い く じ と読むよ！

16 カタカナで書くことば P40

			ア				
			イ		ス		
			ス	プ	ー	ン(2)	
フ	ォ	ー	ク		パ		
ラ			リ	コ	ー	ダ(1)	ー
ン			ー			イ	
ス(3)		ハ	ム			ヤ	
						モ	
						ン	
						ド	

みんなで ダ ン ス パーティーに行こう！

17 にたいみのことば・はんたいことば P42

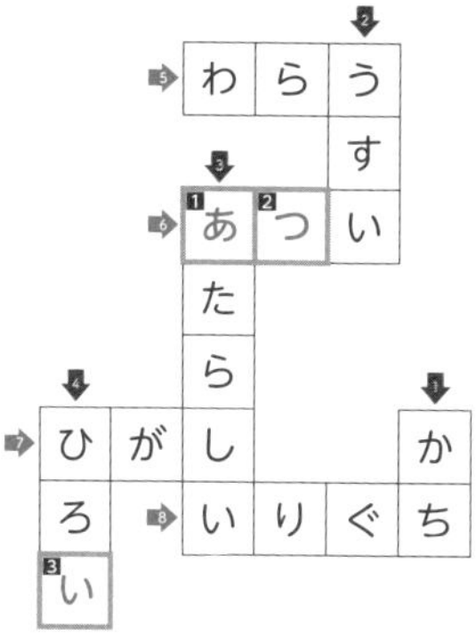

「さむい」のはんたいことばは あつい だよ！

18 ようすをあらわすことば P44

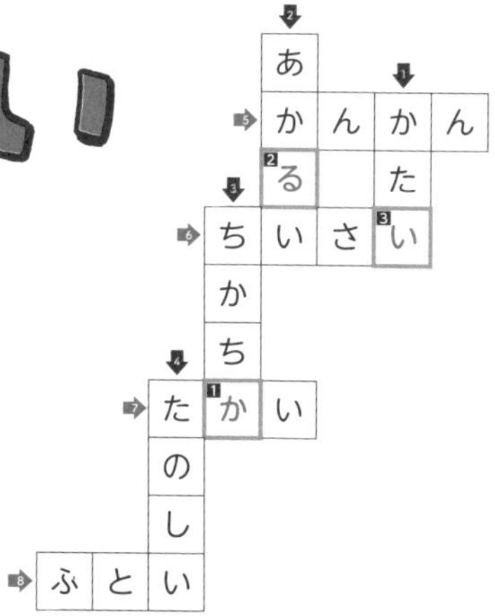

「 かるい 」ということばをつかって、なにかをせつ明してみよう！

19 長さや水のかさのたんい P46

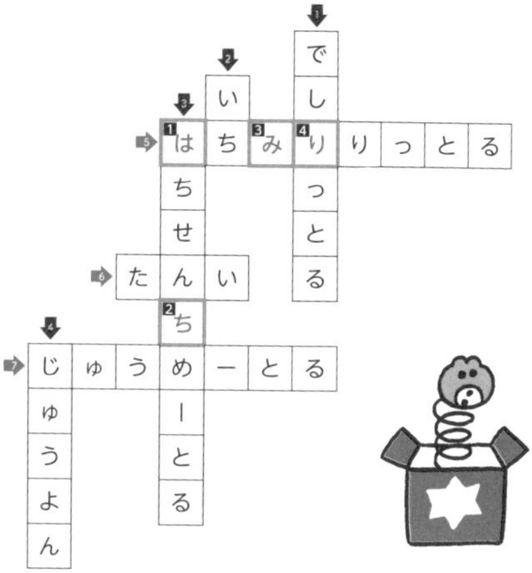

テントウムシは はちみり mくらいの大きさだよ！

20 時こくと時間 P48

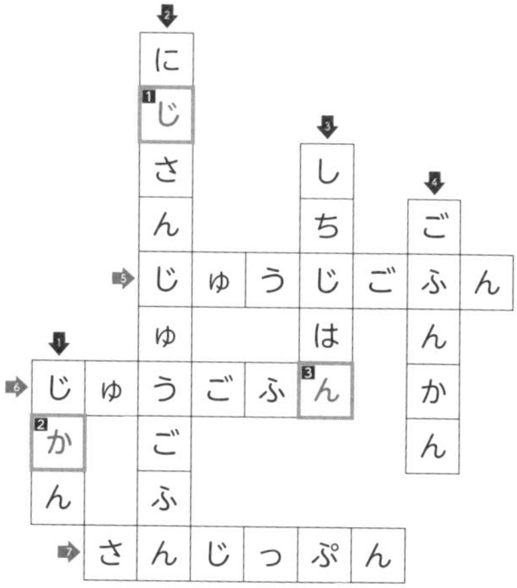

じかん がわかると、生活がべんりになるよ！

21 三角形と四角形 P50

				ち	ょ	う	て	[2]ん
				ょ				
				っ		ち		
				か		ょ		
				[4]く		う		
		な	が	さ		ほ		
				ん		う		
よ		[1]さ	ん	[3]か	く	け	い	
ん				く		[6]い		
せ	い	ほ	う	[5]け	い			
ん				い				
ち								

サンドイッチは さんかくけい だね！

22 九九 P52

				じ					
		ご	[3]じ	ゅ	う	ろ	く		
	さ			う		く			
	[2]ん			[1]よ	ん	じ	[4]ゅ	う	ご
	じ			ん		ゅ			
じ	ゅ	う	に			[5]う			
	う		じ			さ			
	[6]に	じ	ゅ	う	よ	ん			
			う						
			ご						

6×7＝ よんじゅうに

23 4けたの数 P54

		よ	ん	ひ	ゃ	く	に		
	せ	ん							ひ
		[2]せ		せ		よ			ゃ
	さ	ん	ぜ	ん	さ	ん	び	ゃ	く
		ひ		ご		せ			
		ゃ		じ		ん			
ひ	ゃ	く	じ	ゅ	う	さ	[3]ん		
				う		ん			
				[1]に		び			
						ゃ			
						く			

数字が出てくるよ！ にせん

24 野さいのせい長 P56

				き			に
			し	ゅ	[1]う	[3]か	く
				う		ぼ	
	み	ず	や	[2]り		ち	
	ど					ゃ	
	り						
せ	い	ち	ょ	う			
	ろ						

キュウリやスイカ、カボチャは うりか の野さいだよ！

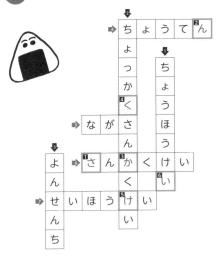

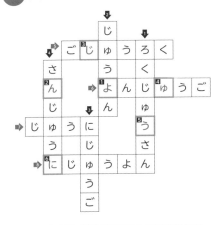

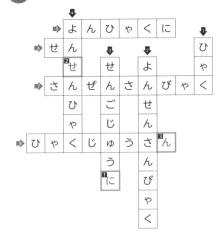

25 まちたんけん P58

					び		
					よ		
	し	ょ	う	ぼ	う	し	ょ
					い		
	れ	す	と	ら	[2]ん		
		ー					
		[1]ぱ		じ			
く	り	ー	に	ん	ぐ	[3]や	
る				じ			
ま				や			

[1]ぱ [2]ん [3]や さんから、いいにおいがするね！

26 みぢかなマーク P60

				は			
				く			
				ぶ			
	[1]ひ			つ			で
	じ			か	い	だ	ん
び	[2]ょ	う	い	ん			わ
	[3]う						
	ぐ				あ		
た	ち	い	り	[5]き	ん	[4]し	
					な		
					い		

びじゅつかん も正かい！

まちには、たくさんの [1]ひ [2]ょ [3]う [4]し [5]き があるよ！

27 きせつのくらし P62

			お	は	な	み
			し			
			[2]ょ			お
[3]こ	う	よ	[4]う			つ
た			が			き
つ		な	つ	や	す	み
					い	
					か	
					わ	
	ひ	な	ま	つ	[1]り	

[1]り [2]ょ [3]こ [4]う に行って、きせつをかんじたよ！

28 2年生ミックス問題 P66

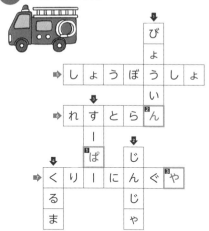

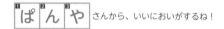

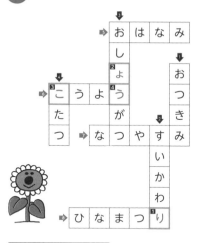

		と	[1]い	れ			
		[3]ま		い			
		と		ん			
	ゆ			ぼ			
	き		め	ー	と	る	
	が				し		
	っ				ょ		
	せ				か	た	[2]ち
さ	[4]ん	じ	ご	ふ	ん		

日本のおさつで一番高いのは [1]い [2]ち [3]ま [4]ん 円さつだよ！

3年生

29 漢字の音とくん P68

漢字は おん も くん も重要だよ！

30 こそあど言葉 P70

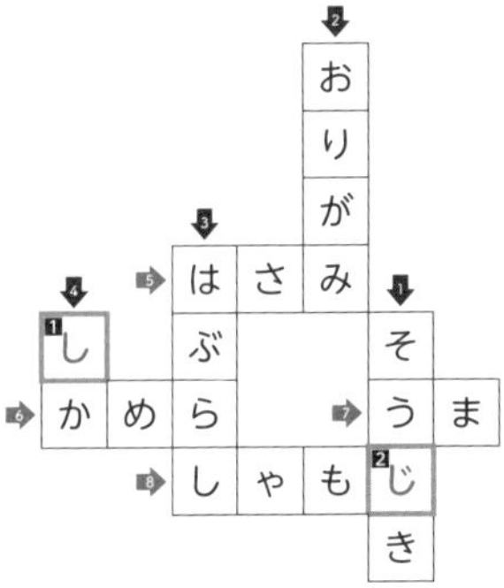

こそあど言葉を しじ 語というよ。

31 漢字のへんとつくり P72

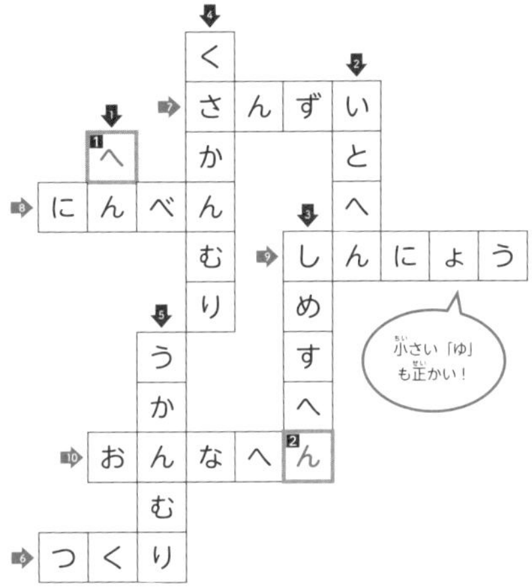

「村」のへんは、き へん だね！

32 ローマ字 P74

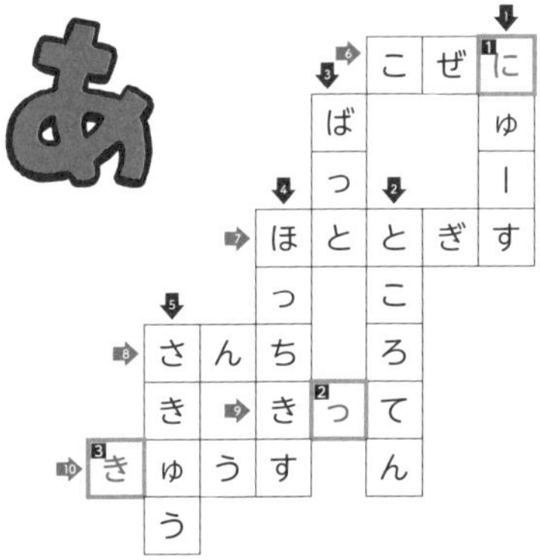

「nikki」の読みかたは にっき だね。

33 しゅうしょく語 P76

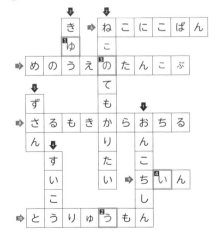

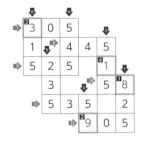

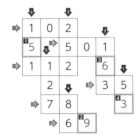

				あ			
				た	く	さ	[3]ん
				ら		む	
				し	[2]ろ	い	
		あ	ま	い			
		か					
	く	る	し	い			
		[1]い		さ			
か				ま			
る				し			
い	と	お	し	い			

[1]い[2]ろ[3]ん な言葉を使ってみよう！

34 ことわざ・故事成語 P78

		き		ね	こ	に	こ	ば	ん
		[1]ゆ		こ					
め	の	う	え	[3]の	た	ん	こ	ぶ	
				て					
ず				も					
さ	る	も	き	か	ら	お	ち	る	
ん				り		ん			
	す			た		こ			
	い			い		ち	[4]い	ん	
	こ					し			
と	う	り	ゅ	[2]う	も	ん			

ざ[1]ゆ[2]う[3]のめ[4]い を言ってみよう！

35 時刻の計算 P80

[3]3	0	5			
1		4	4	5	
5	2	5		[4]1	
	3			5	[1]8
	5	3	5		2
		[2]9	0	5	

[1]8[2]9[3]3[4]1 は冬の野菜だね！

は　く　さ　い

36 わり算 P82

1	0	2			
[1]5		5	0	1	
1	1	2		[3]6	
	2			3	5
	7	8			[4]3
		6	[2]9		

おつかれ様、[1]5[2]9[3]6[4]3！

ご　く　ろう　さん

37 小数と分数 P84

1	1	1	0	
4			2	
7	5		5	4
	5	6		8
		2	1	
			4	1

1 4 8 き 1 もって、おいしいよね！
い し や い

38 重さの計算 P86

	5	3	5	0		
1	2		4			
	9	8	7	6		
		5		1		
		1	7	5	0	
			2			
			4	0	7	
					6	9

この問題、とけたら 3 1 5 だね！
さ い こう

39 円と三角形 P88

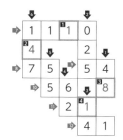

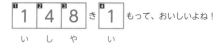

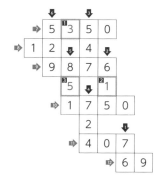

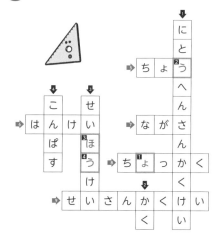

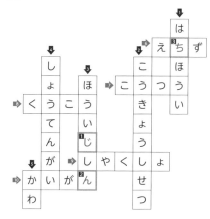

								に	
								と	
						ち	ょ	う	
								へ	
	こ		せ					ん	
は	ん	け	い			な	が	さ	
	ぱ		ほ					ん	
	す		う		ち	ょ	っ	か	く
			け					く	
		せ	い	さ	ん	か	く	け	い
						く		い	

ち ょ う ほ う 形から、二等辺三角形を作ってみよう！

40 住んでいるまち P90

								は	
							え	ち	ず
	し					こ		ほ	
	ょ		ほ		こ	う	つ	う	
く	う	こ	う			き		い	
	て		い			ょ			
	ん		じ			う			
	が		し	や	く	し	ょ		
か	い	が	ん			せ			
わ						つ			

じ ぶ ん のま ち を歩いてみよう！

41 店ではたらく P92

	⬇5			⬇4			⬇2		⬇1
							ひ		
➡6	ち	い	き	こ	う	[4]け	ん		さ
	か			ん		➡7	し	ゅ	ん
	が			び			つ		ち
	い			に		⬇3			
				え		だ			
➡8	せ	ん	も	ん	て	ん			
				[1]す		ぼ			
➡9	さ	[2]ー	び	す		[3]ー			
				[5]と		る			
	➡10	う	り	あ	げ				

[1]す[2]ー ぱ [3]ー まー [4]け っ [5]と に行ってみよう！

43 地図記号 P98

	⬇5		⬇3				⬇1		
	が		ゆ						
	っ		う			➡6	じ	い	ん
	こ	➡7	び	ょ	う	い	ん		
こ	う	ば	ん				じ		
			き		⬇2		や		
		⬇4	ょ		は				
	➡9	は	[2]く	ぶ	つ	か	ん		
		た			で				
		け	➡10	お	ん	せ	ん		
					[1]し				
					[3]ょ				

(➡8 は「こうばん」の行)

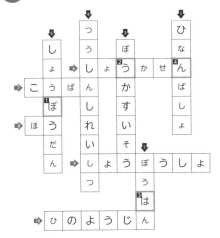

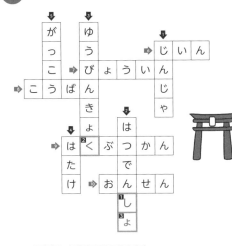

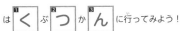

「◎」は [1]し や [2]く [1]し [3]ょ などの地図記号だよ！

42 安全なくらしを守る P94

				⬇4					⬇1	
				つ					ひ	
		⬇5				⬇3				
		し		う		ぼ			な	
		ょ	➡6	し	ょ	[2]う	か	せ	[4]ん	
➡7	こ	う	ば	ん		か			ば	
		[1]ぼ		し		す			し	
➡8	ほ	う		れ		い			ょ	
		だ		い		そ	⬇2			
		ん	➡9	し	ょ	う	ぼ	う	し	ょ
				っ			う			
							[3]は			
	➡10	ひ	の	よ	う	じ	ん			

[1]ぼ[2]う[3]は[4]ん マップを見てみよう！

44 昔の道具とくらし P100

			⬇4							
➡6	じ	ん	こ	う						⬇1
			う							だ
			き							る
			ょ					⬇2		ま
			う				➡7	せ	ん	す
	⬇5 ➡8	あ	し	ぶ	み	み	し	[3]ん		と
	ひ		せ					た		ー
	よ		[2]つ		⬇3			[1]く		ぶ
	う			➡9	ひ	う	ち	い	し	
	の				ば			た		
➡10	う	め	た	て	ち					

は [1]く ぶ [2]つ か [3]ん に行ってみよう！

45 植物の育ちかた　P102

					だ	い	ず
		は	く	さ	い		
		[3]な			こ		
				に	[2]ん	じ	[4]ん
た	ね	ま	き			や	
ま			や			が	
ね			べ			い	
[1]ぎ		さ	つ	ま	い	も	

[1]ぎ [2]ん [3]な [4]ん は、たねを食べているよ！

46 こん虫の育ちかた　P104

					ふ	[1]し		よ
					か			う
					ん			ち
					ぜ			ゅ
				こ	ん	ち	ゅ	う
					へ			
か	ん	ぜ	ん	へ	[4]ん	た	い	
い					た			
こ				せ	い	ち	ゅ	う
[2]が				い				
				し	ょ	[3]っ	か	く
								ち

あ[1]し[2]がろ[3]っぽ[4]んより多い虫をあげてみよう！

47 電気の通り道　P106

									そ
									け
						ぷ			[3]っ
				ふ	ぃ	[1]ら	め	ん	と
						す			
				で		き	ん	ぞ	く
	か			ん		ょ			ぎ
ま	い	な	[2]す	き	ょ	[4]く			
	ろ			ゅ					
			ど	う	せ	ん			
			う						

ぷ[1]ら[2]すち[3]っ[4]くは、電気を通すかな？

48 磁石のふしぎ　P108

							ね				
							お		[2]な		
				ほ	う	い	じ	し	ん		
				っ			む		き	ょ	く
				き			じ		ょ		
		ひ		ょ		じ	し	ゃ	く		
え	ぬ	き	ょ	く			ゃ				
[1]す		つ					く	り	っ	ぷ	
き		け									
ょ		ら									
く		れ									
		る									

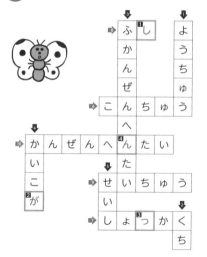

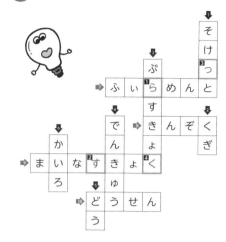

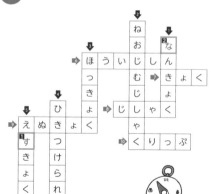

磁石を[1]す[2]なの中に入れると、砂鉄が取れるよ！

49 地面の様子と太陽　P110

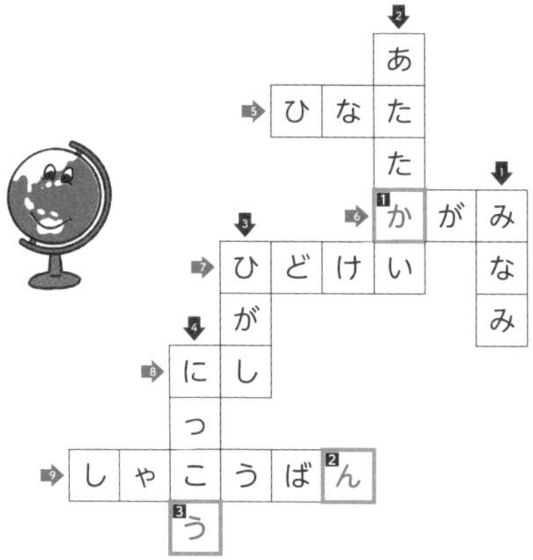

冬は かんそう に気をつけよう！

50 3年生ミックス問題　P112

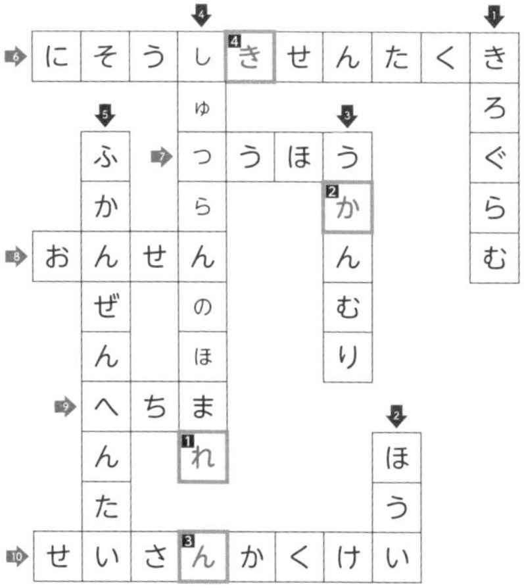

これでかんぺきだね！

チャレンジ

51 都道府県①　P114

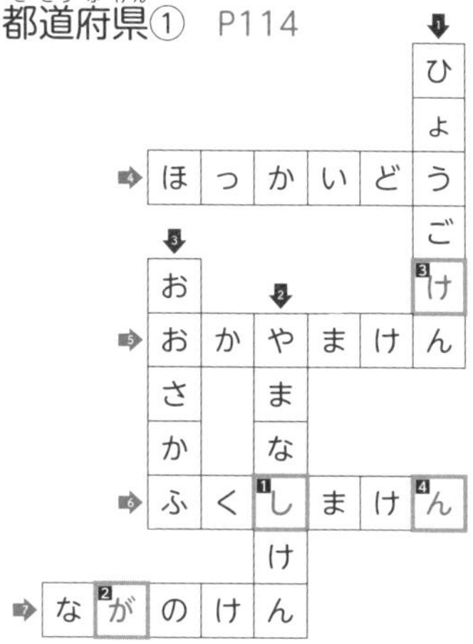

しがけん の約6分の1は琵琶湖だよ！

52 都道府県②　P116

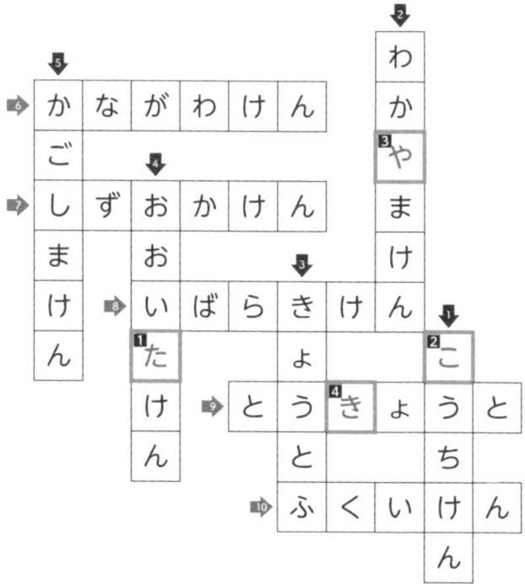

大阪府に行って たこやき を食べよう！

53 都道府県③ P118

さ	つ	ま	い	も				
				み				
				じ				ず
さ	く	ら	じ	ま	だ	い	こ	ん
ぬ				ん				だ
き				じ	ゃ	が	い	も
う				ゅ				ち
ど		ぎ	ゅ	う	た	ん		
ん		よ						
		う	め	ぼ	し			
		ざ			じ			
					み			

こめのなまえを、思いつくだけ、あげてみよう！

55 世界の国々② P122

	ふ	ら	ん	す			
	い			い			
	り			す	ぺ	い	ん
	ぴ				る		
い	ん	ど			ー		
た							
り							
あ	め	り	か				
	き		ん				
	し		ぼ				
	こ		じ				
			あ				

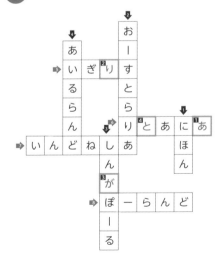

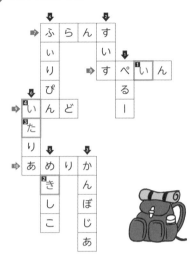

きみがいきたい国はどこかな？

54 世界の国々① P120

					お				
		あ			ー				
		い	ぎ	り	す				
		る			と				
		ら			ら				
		ん			り	と	あ	に	あ
い	ん	ど	ね	し	あ			ほ	
				ん				ん	
				が					
				ぽ	ー	ら	ん	ど	
				ー					
				る					

「Thank you.」「謝謝」は「ありがとう」という意味だよ！

〈著者紹介〉　東大 カルペ・ディエム　2020年6月、西岡壱誠を代表として株式会社カルペ・ディエムを設立。西岡を中心に、貧困家庭で週3日バイトしながら合格した東大生や地方公立高校で東大模試1位になった東大生など、多くの「逆転合格」をした現役東大生が集い、日々教育業界の革新のために活動している。漫画『ドラゴン桜2』(講談社)の編集、TBSドラマ日曜劇場「ドラゴン桜」の監修などを務めるほか、東大生300人以上を調査し、多くの画期的な勉強法を創出した。そのほか「アカデミックマインド」と題した教育プログラムを中心に、全国20校以上でワークショップや講演会を実施。年間1000人以上の学生に勉強法を教えている。

執筆者(順不同)
○黒田将臣　東京大学　経済学部　4年生
○松岡頼正　東京大学　教養学部　2年生
○布施川天馬　東京大学　文学部　4年生
○西岡壱誠　東京大学　経済学部　4年生

協力　串橋 岳(カルペ・ディエム)

装丁・本文デザイン　近藤琢斗・石黒美和(FROG KING STUDIO)
イラスト　玉川 桜
図版　隈部康浩
図版協力　公益財団法人交通エコロジー・モビリティ財団
国土地理院
DTP　株式会社 ローヤル企画

東大式 たのしく遊んでかしこくなる
天才クロスワード　小学1・2・3年生

2023年5月30日　第1刷発行

著　者　東大 カルペ・ディエム
発行人　見城 徹
編集人　中村晃一
編集者　渋沢 瑶

発行所　株式会社 幻冬舎
〒151-0051 東京都渋谷区千駄ヶ谷4-9-7
電話：03(5411)6215(編集)
03(5411)6222(営業)

印刷・製本所　錦明印刷株式会社

検印廃止

ISBN978-4-344-79145-9 C6037
ホームページアドレス　https://www.gentosha-edu.co.jp/

この本に関するご意見・ご感想は、
下記アンケートフォームからお寄せください。
https://www.gentosha.co.jp/e/edu/